Schlösser und Burgen

GRÜNE REIHE THÜRINGEN

Rainer Crummenei

VHT
Verlagshaus Thüringen

Stimmungsvoll präsentiert sich die Brandenburg bei Lauchröden im Morgennebel.
A romantic view of Brandenburg Castle near Lauchröden arising from the morning mist.

Inhalt

Burgen und Schlösser – Wegweiser der Geschichte

Anno 1067 soll es gewesen sein, als Graf Ludwig der Springer, den die Spur eines Wildes ins Hörseltal, an den Nordwestrand des Thüringer Waldes geführt hatte, beim Anblick eines Felskegels begeistert ausrief: „Wart' Berg, du sollst mir eine Burg werden!" Gesagt, getan. Allerdings gab es eine kleine Schwierigkeit: Das Gelände gehörte den Herren von Frankenstein. Also ließ Ludwig von der Schauenburg bei Reinhardsbrunn heimlich Erde in Körben herbeischaffen, stieß samt zwölf seiner Ritter das Schwert in den Boden und schwor, auf eigenem Grund zu stehen. Damit war der Rechtsstreit zu seinen Gunsten entschieden. Die Befestigung des Berges konnte beginnen.
So erklären Sagendichter, wie Ludwig der Springer mit sicherem Blick die strategische Lage des am Wege von Hessen nach Thüringen liegenden Felskegels erkannt und den – in dieser Form freilich durch keine Urkunde belegten – Bau einer Burg vorbereitet hat, die nicht nur die berühmteste in Thüringen werden sollte, sondern weltweit als Symbol gilt für Burgen schlechthin. Die Wartburg, um die es hier geht und die wohl jeder kennt, ist jenes deutsche Bauwerk, das Sage, Geschichte, Architektur, Kunst und Natur in besonders glücklicher Weise vereint.
„Der Dürnge bluome schinet dur den sne/sumer und winter blüet sin lop" (Thüringens Blume leuchtet aus dem Winterschnee, ihr Ruhm blüht ewig fort). Das wußte schon Walther von der Vogelweide – vor mehr als 750 Jahren! Aber Thüringen hat nicht nur diese eine sehenswerte Burg. Gelegen in der – historischen – Mitte deutscher Kulturlandschaften, war die Region einst eine Hochburg mittelalterlichen Burgenbaus. Wo man in Thüringen auch weilt, wandert oder fährt – nahezu überall, vor allem aber entlang der Flußläufe von Saale, Unstrut und Werra, in den Ebenen des Thüringer Beckens und im Vorland des Thüringer Waldes, erheben sich Burgen: sagenumwoben und urwüchsig die einen, geschichtsträchtig und trutzig die anderen. Ruinen oft nur noch, zeitüberwucherte Gemäuer, aber auch erneuerte Gewölbe und Türme, wiedererweckt zum Leben und – zunehmend – widerhallend von Lärm.

Die Gralsburg der Deutschen: die Wartburg bei Eisenach

Burgensehnsucht – das ist keine Erfindung unserer nüchternen, gefühlssterilen Tage. Schon die Romantiker machten sich auf den damals noch längst nicht so bequemen Weg, um die Burgen, um Geschichte und Geschichten auf ihre Weise zu entdecken. Einer von ihnen, der Maler, Dichter und Musiker Franz Kugler, kleidete das „Burgengefühl" seiner Generation in diese Worte:

An der Saale hellem Strande
Stehen Burgen stolz und kühn,
Ihre Dächer sind zerfallen,
Und der Wind streicht durch die Hallen,
Wolken ziehen drüber hin.

Die Wachsenburg bei Arnstadt.
Wachsenburg Castle near Arnstadt.

Land Thüringen
Ausgewählte Schlösser und Burgen
The State of Thuringia
A selection of castes and stately homes

1 Jagdschloß Fröhliche Wiederkunft
2 Schloß Sondershausen *
3 Burgruine Orlamünde
4 Schloß Osterburg Weida
5 Burg Ranis *
6 Leuchtenburg Kahla/Seitenroda
22 Schloß Elisabethenburg
23 Schloß Bertholdsburg Schleusingen *
24 Schloß Molsdorf *
25 Schloß Kochberg
26 Dornburger Schlösser *
27 Schloß Burgk

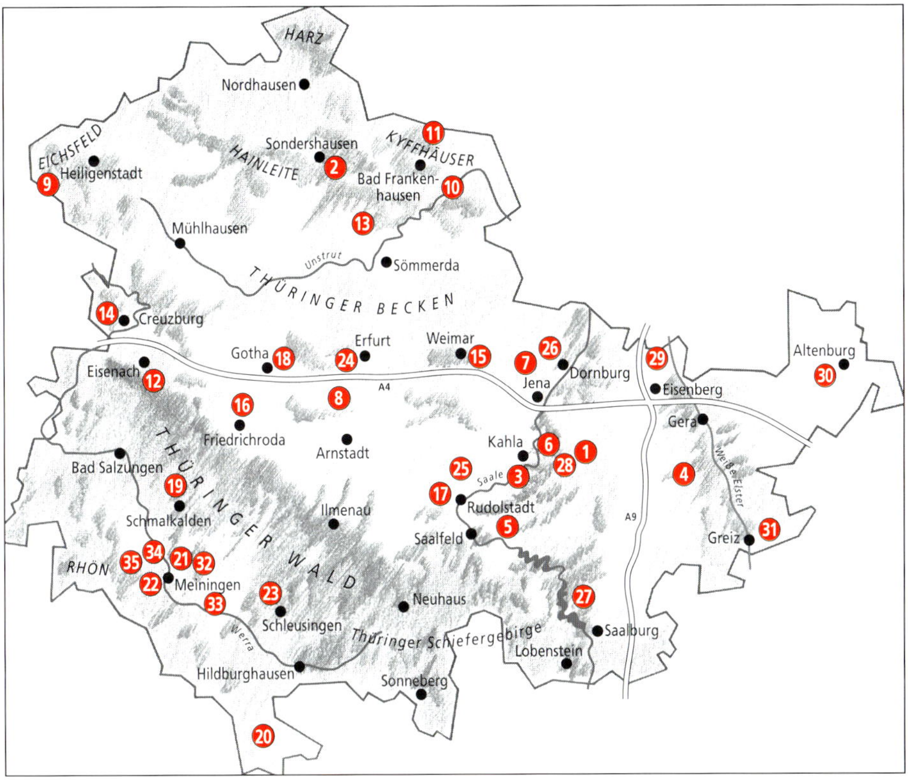

7 Wasserburg Kapellendorf *
8 Die Drei Gleichen *
9 Burg Hanstein
10 Wasserburg Heldrungen
11 Burgruine Kyffhausen
12 Wartburg bei Eisenach
13 Runneburg Weißensee *
14 Creuzburg bei Eisenach
15 Weimarer Schlösser *
16 Schloß Reinhardsbrunn
17 Schloß Heidecksburg *
18 Schloß Friedenstein Gotha
19 Schloß Wilhelmsburg bei Schmalkalden
20 Veste Heldburg *
21 Schloß Landsberg bei Meiningen
28 Jagdschloß Hummelshain
29 Schloß Christiansburg Eisenberg
30 Schloß Altenburg
31 Unteres Schloß Greiz
32 Kirchenburg Rohr
33 Kirchenburg Vachdorf
34 Kirchenburg Walldorf
35 Kirchenburg Herpf

*Alle mit * gekennzeichneten Schlösser und Burgen sind der im März 1994 gegründeten Stiftung Thüringer Schlösser und Gärten gesetzlich anvertraut.*
(Dornburger Schlösser: Altes Schloß, Drei Gleichen: Wanderslebener Gleiche, Weimarer Schlösser: Residenzschloß) *Stand Februar 1998*

Zwar die Ritter sind verschwunden,
Nimmer klingen Speer und Schild.
Doch dem Wandersmann erscheinen
Auf den altbemoosten Steinen
Oft Gestalten zart und mild.

Bereits 1826 hat Franz Kugler die später von Friedrich Fescas volksliedhaft vertonten Zeilen in das Gästebuch der Rudelsburg bei Bad Kösen geschrieben - kein Zufall sicher, galt doch die noch immer imposante Ruine zusammen mit den Resten der gegenüberliegenden Burg Saaleck lange als Inbegriff romantischer Burgenherrlichkeit. Ebensowenig zufällig stimmen diese beiden wie auch die anderen „Burgen stolz und kühn" den Reisenden in Richtung Thüringer Wald auf das Burgenerlebnis Thüringen ein: Die Saale markierte - gemeinsam mit der Elbe - die ungefähre Grenze, die das Karolingerreich, später das Ostfränkische Reich und anfänglich auch den frühfeudalen deutschen Staat von den Sorben trennte. Eine Grenze, die man zweckmäßigerweise durch Burgen sicherte und die sich im 9. Jahrhundert als „limes Sorabicus" einen Namen machte.

Thüringer Geschichte erkunden. Kompetent und kurzweilig beraten ist, wer den zahlreichen steinernen Wegweisern in die Historie folgt. Etwa 250 Burgen und Schlösser sollen es sein, die sich dem entdeckungsfreudigen Thüringen-Reisenden noch immer als Besuchsziele anbieten. Eine unglaubliche Fülle - und dennoch nur die Spitze des berühmten Eisbergs: Experten der Früh- und Vorgeschichte sprechen von über 1400 befestigten Plätzen, die vor der „klassischen" Zeit des feudalen Burgenbaus - dem 11. bis 13. Jahrhundert - auf thüringischem Boden entstanden waren. Die meisten dieser bis zu 3000 Jahre alten und als Volks- oder Fluchtburgen bezeichneten Wehranlagen freilich bestehen nur noch aus Spuren - Resten verschütteter Mauern und Gräben.
Aber bleiben wir beim Burgenland Thüringen, wie es uns die Geschichte seit der Zerschlagung des Thüringischen Königreiches im Jahre 531 unübersehbar hinterlassen hat. Denn die Franken bauten zur Sicherung ihres neugewonnenen Gebietes mehrere Burgen - häufig auf den Grundmauern der vorgeschichtlichen Volks- oder Fluchtburgen.

Größte mittelalterliche Burgenanlage in Thüringen, die Brandenburg; unerreichbar für Touristen in der DDR, da die Burg im Grenzgebiet lag.

Eine der ältesten thüringischen Urkunden überhaupt nennt eine dieser Burgen im Jahre 704: das „castellum" auf dem Mühlberg, heute bekannt als die Mühlburg, die kleinste der „Drei Gleichen". Gustav Freytag setzte ihr in seinem Roman „Das Nest der Zaunkönige" ein literarisches Denkmal.
Ein bedeutsames Kapitel der Thüringer Burgengeschichte beginnt mit dem Einzug Heinrich I. (919) in den nordthüringischen Raum. Der erste deutsche König ließ – wie bereits erwähnt – an Saale und Elbe zum Schutz gegen die häufig einfallenden Ungarn zahlreiche Burgen errichten oder ausbauen. Daß er sie später immer stärker als Ausgangsbasis und Stützpunkt für die einsetzende feudale deutsche Ostexpansion nutzte, steht auf einem anderen Blatt der Geschichte.
Zur Hochblüte des thüringischen Burgenbaus indes sollte die Zeit vom 11. bis 13. Jahrhundert werden. Auslöser des hektischen Burgen-„Booms" waren heftige Auseinandersetzungen zwischen Königtum und Fürsten. So ließ Heinrich IV. (1056 – 1106) – um die Begehrlichkeit des einheimischen Adels zu zügeln – seine am Harz und in Nordthüringen liegenden Königspfalzen durch Reichsburgen sichern; beispielsweise deckte die auf einem Höhenrücken des Kyffhäusergebirges liegende Reichsburg Kyffhausen die Pfalz Tilleda, oftmals ein Ausstellungsort von Königsurkunden. Andererseits trachtete vor allem Ludwig der Springer, eine der bedeutendsten thüringischen Persönlichkeiten jener Zeit, sein angestrebtes Herrschaftsgebiet deutlich zu markieren. Mit der Gründung der Neuenburg bei Freyburg und der Wartburg sollte ihm das eindrucksvoll gelungen sein.
Nachdem die Ludowinger – deren Geschlecht Ludwig der Springer entstammte – 1131 mit der Landgrafenwürde belehnt und damit in den Reichsfürstenstand aufgestiegen waren, bauten sie sich ihr Herrschaftsgebiet systematisch aus. Nutznießer waren fraglos die Burgenarchitekten, denen die Aufträge nun nicht mehr ausgingen: das Landgrafenhaus auf der Wartburg brauchte einen eindrucksvollen Palas; die Creuzburg – sie sollte die Landgrafschaft im Westen, an einem wichtigen Werraübergang, sichern – entstand; auf der Neuenburg wuchsen zwei Vorburgen und ein aufwendiger Sakralbau; und bei Weißensee, auf halbem Wege zwischen Wartburg und Neuenburg, den beiden markantesten Punkten des landgräflichen Thüringen, wurde die Runneburg angelegt.

Schloß Neuenburg

Aber auch Friedrich I. Barbarossa (1152 – 1190) benötigte für die – von den Ludowingern unterstützte – staufische Reichspolitik ein Machtsymbol. Und so ließ er die dreiteilige Reichsburg Kyffhausen, die 1118 durch sächsische Fürsten im Kampf gegen die Zentralgewalt zerstört worden war, erneut aufbauen. Berechnungen haben ergeben, daß die fronenden Bauern 21000 Kubikmeter Erde bewegen, 65000 Kubikmeter Steine brechen, 5000 Kubikmeter Holz schlagen und 71000 Fuhren leisten mußten, bevor der 600 Meter lange und maximal 70 Meter breite Burgengigant vollendet war. Die Großbaustelle Kyffhausen band – um es einmal anders auszudrücken – bei zwölfstündiger Arbeitszeit an 225 Arbeitstagen rund 1000 Mann für eine Bauzeit von sechseinhalb Jahren.
Eine neue Welle des Burgenbaus kennzeichnete das 13. und 14., teilweise noch das 15. Jahrhundert. Sie ging allerdings nicht mehr vom König bzw. vom Kaiser aus, denn zur Zeit der in-

Die sagenumwobene Ruine der Reichsburg Kyffhausen.
The ruins of the Imperial Castle of Kyffhausen are steeped in legend.

Weit über Thüringen hinaus gilt die Wartburg bei Eisenach als Wahrzeichen und geschichtsträchtiger Ort im Freistaat.
The Wartburg in Eisenach is recognised as both as a landmark and as a rich source of historical interest throughout the whole state of Thüringia.

takten Zentralgewalt war privater Burgenbau verboten; der Adel bewohnte lediglich befestigte Wirtschaftshöfe. Erst die „constitutio“ von 1232 gab den immer mächtiger und selbständiger werdenden Territorialfürsten und ehemaligen unfreien Ministerialen unbeschränktes Befestigungsrecht.
Neben den Reichsburgen wie Kyffhausen, den Fürstenburgen wie der Wartburg und den vielen Grafenburgen komplettierten nun, da sich der Adel zahlenmäßig erweiterte, zahlreiche Ritterburgen das Netz der Feudalburgen. Daß etliche von ihnen zu Raubritternestern verkamen, zeugt von der reichen kriminellen Energie ihrer verarmten Besitzer. Vor allem die wirtschaftlich immer stärker werden Städte aber konterten die feudalen Übergriffe. 1304 gelang dem aus Erfurt, Mühlhausen und Nordhausen bestehenden Thüringer Städtebund die erfolgreiche Belagerung der drei Hausburgen bei Jena, und 1348 kaufte Erfurt gar eine Burg auf – die Wasserburg Kapellendorf. 1480 gehörten dem „Stadtstaat“ fast 100 Dörfer und eine Reihe von Burgen.
Eine besondere Form von mittelalterlicher Wehrarchitektur entstand um diese Zeit in Südthüringen, im mittleren Werratal: Kirchenburgen. Die umwehrten Gotteshäuser hatten – anders als die Feudalburgen – nicht den Adel, sondern die dörfliche Bevölkerung als Bauherren. Und sie standen, ebenfalls wieder im Gegensatz zu den Feudalburgen, in Friedenszeiten leer. Mit Wehrgängen, Schießscharten, Pechnasen, Wall und Graben ausgestattet, dienten sie zum Schutz von Menschen, Vieh und Vorräten – immer dann, wenn die Machtkämpfe des Adels wieder einmal eine kriegerische Auseinandersetzung provoziert hatten. Drohte Gefahr, flüchtete die Bevölkerung in den umwehrten Kirchhof, während die waffenkundigen Männer vom Wehrgang aus die Verteidigung organisierten. Besonders gut erhaltene Fluchtburgen können wir in Rohr sowie in Walldorf und Herpf – hier stehen die beiden stärksten Bauernfestungen des Werratals – besichtigen. Ihre größte Bedeutung hatten die Kirchenburgen im 14. und 15. Jahrhundert, in der Zeit des voll entfalteten Feudalismus.

Wer mit offenen Augen durch Thüringen reist, wird schnell erkennen, daß sich hier Burgenvielzahl mit Burgenvielfalt trifft. Natürlich – dem Charakter der Landschaft entsprechend – dominieren die Höhenburgen, von denen wir wiederum solche schauen, die auf dem Gipfel eines Berges, auf dem Kamm eines Gebirgszuges oder am Rand eines Tales liegen. Doch auch Niederungsburgen finden sich in Thüringen, häufig mit Wall und Wassergraben: Wasserburgen. Obwohl die meisten dieser wehrhaften, nur selten aus einem „Guß“ bestehenden Bauwerke in den Jahrhunderten immer wieder den neuen Forderungen der Zeit angepaßt wurden, sind ihre Grundelemente oft noch gut zu erkennen. Der Bergfried, der letzte Rückzugsort der Verteidiger, ist das markanteste. Aber auch die Ringmauern und das System von Wallgräben, die Zinnen und Schießscharten, die Toranlage, der Palas, die Kapelle und auch der Brunnen auf dem Hof gehören zu unserem Verständnis von einer „richtigen“ Burg. Jedes der mit den Generationen gewachsenen steinernen Details informiert den Fachmann über Zeitpunkt und sozialen Status des Besitzers.
Am größten und repräsentativsten waren zweifellos die Reichs- und Fürstenburgen, Schöpfungen mächtiger Bauherren. Dennoch stand auch bei diesen der Wehrzweck im Vordergrund aller baumeisterlichen Bemühungen. Lediglich auf solchen Kolossen wie der Reichsburg Kyffhausen oder der Neuenburg ging es etwas bequemer und kultivierter zu als auf den Burgen des niederen Adels. Wie man auf diesen (über)lebte, dies schildert uns der Dichter Ulrich von Hutten (1488 – 1523), Sohn eines fränkischen Reichsritters:

„Mag die Burg auf einem Berge oder in einer Ebene stehen, sie ist nicht zum angenehmen Aufenthalt, sondern zum Schutz erbaut,... der Raum im Innern beschränkt,... eingeengt durch Ställe für das Vieh. Daneben befinden sich dunkle Gewölbe für das Geschütz, angefüllt mit Pech, Schwefel und sonstigem Zubehör für Waffen und Kriegsmaschinen. Überall Pulvergeruch, Gestank nach Hunden und Hundekot...
Reiter kommen und ziehen davon, darunter Wegelagerer, Diebe, Strauchräuber; denn meist ist unser Haus jedem geöffnet. Wir wissen ja nicht, wer anklopft...
An die Ohren schlägt das Blöken der Schafe, das Brüllen der Rinder, Hundegebell und Geschrei von Menschen, die den Acker bestellen, das Rasseln und Knarren von Wagen und Gespannen."
Dabei gehörte der Stammsitz der Familie Hutten noch zu den großen Burgen...
Aber auch den mächtigsten Befestigungen schlug einmal die Stunde. Ausgelöst wurde diese Entwicklung – wie könnte es bei einem Bauwerk mit Wehraufgaben anders sein – durch einen militärtechnischen Donnerschlag: der Erfindung der schweren Feuerwaffen. Da die ältere Burg als Trutzbau und Herrensitz so nicht mehr be-, da widerstehen konnte, wandelte sie sich und teilte ihre Doppelrolle. Den einen Part, die Wehrfunktion, übernahm fortan die Festung. Der andere, die Wohn- und Repräsentationsfunktion, führte zur geistig-künstlerischen Neuschöpfung des Schlosses. Noch im 16. Jahrhundert gab es etliche – allerdings wenig erfolgreiche – Versuche, die herkömmlichen Befestigungsanlagen auf die modern gewordene Kriegstechnik einzustellen. Doch die Burgen „stolz und kühn" waren besiegt.
Nahezu 10000 Burgen sollen im deutschen Feudalgebiet einst entstanden sein. Viele von ihnen hat die Geschichte begraben, ohne nennenswerte Spuren zu hinterlassen. Anderen dagegen wurde ein zweites, oftmals leichteres und auch schöneres Leben erschlossen – als Schloß. Voraussetzung für den notwendigen Umbau aber war ein geeigneter Standort: Karriere als Adels- oder Verwaltungssitz konnten in der Regel nur solche Burgen machen, die an eine größere Ortschaft oder Stadt gebunden waren.
Seine Hochblüte fand der Schloßbau im 16., 17. und 18. Jahrhundert. Daß der „Bedarf" an Schlössern aber besonders im 17. Jahrhundert sprunghaft angewachsen war, ist die logische Folge des Dreißigjährigen Krieges (1618 – 1648), der in Deutschland die Existenz von über 300 selbständigen Ländern sanktionierte. Weil die Herren der neuen Kleinstaaten schnellstens repräsentative Residenzen benötigten, schossen die Schlösser damals wie Pilze aus dem zerstückelten deutschen Boden.
So also ist auch Thüringen zu zahlreichen Schlössern gekommen, von denen nicht wenige – wie Schloß Burgk an der Saale – zum Schloß gewandelte alte Burgen sind. Anderen freilich – so Schloß Friedenstein in Gotha – ist ihre ursprüngliche und einzige Bestimmung unschwer anzusehen: Prunkvoller Herrschaftssitz zu sein.
Wenn uns heute die Thüringer Burgen und Schlösser einladen, der Vergangenheit des geschichtsträchtigen Gebietes

Links: Burg Gleichen bei Wandersleben.
Oben: Die Mühlburg mit Resten der Radegundiskapelle.
Radegundis, Nichte König Irmfrieds von Thüringen, wurde 531 von den Franken als Kriegsbeute verschleppt. Ihr Eintritt in das Kloster Portiers rettete sie vor der Ehe mit dem Frankenkönig. In Frankreich gilt Radegundis seit ihrem Tod als Heilige.
Left: Gleichen Castle near Wandersleben.
Up: Mühlburg Castle and the remains of the Radegundis Chapel.
Radegundis who was the niece of King Irmfried of Thüringen was abducted as a spoil of war by the Franks in 531. Her entry into the Poitiers convent saved her from having to marry the king of the Franks. After her death in France, she was venerated as a saint.

im grünen Herzen Deutschlands einen Besuch abzustatten, dann fällt die Entscheidung schwer - zwischen geheimnisumwitterten Ruinen und sorgsam restaurierten Burgen, zwischen malerischen Lustschlössern und prächtigen Hofbauten, zwischen naturbelassener Landschaft und gepflegten Parkanlagen: zwischen Geschichte pur und Historie konserviert - in Museen, Galerien, Archiven, Bibliotheken und anderen Sammlungen.

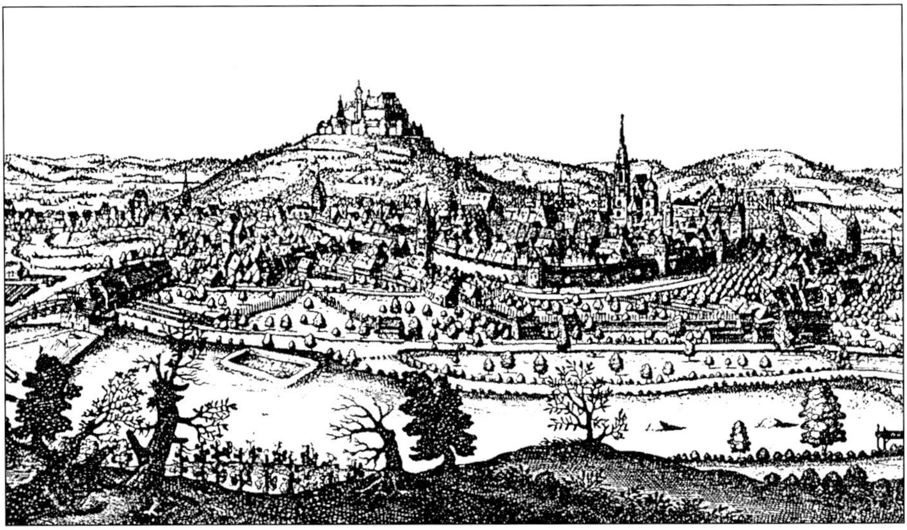

Coburg um 1650, Kupferstich von Merian

Vielleicht erleichtern Ihnen die nachfolgend vorgestellten Burgen und Schlösser Ihre Entscheidung. Daß die getroffene Auswahl schon morgen wieder etwas anders aussehen könnte, sei allerdings nicht nur am Rande vermerkt. Denn etliche jener Burgen und Schlösser, die mancher in diesem Buch vermissen wird, halten sich seit kurzem bedeckt:
Gerüste und Bauvorhänge künden auf der einen Seite von erfreulichen Verjüngungskuren unserer ältesten Kulturbauten. Allerdings können die enormen Aufwendungen für die denkmalpflegerischen Arbeiten an einer nach Tausenden zählenden Denkmallandschaft - wie Thüringen nun mal eine ist - aus eigener Kraft nicht geleistet werden. Deshalb stehen nun auch stark sanierungsbedürftige Burgen und Schlösser zum Verkauf nach dem Motto: Denkmale lassen sich am besten erhalten, wenn sie in Nutzung sind.

Creuzburg

Auf eine ebenso bedeutende wie glanzvolle Vergangenheit kann die nördlich Eisenachs gelegene Creuzburg zurückblicken: Sie hatte nicht nur das Herrschaftsgebiet der Thüringer Landgrafen an einer strategischen Werrafurt zu sichern, sondern sie diente den Landesherren auch als Aufenthaltsort und Residenz. Von Ludwig II. schon bald nach ihrem Erwerb 1170 wohnlich ausgebaut, hielten sich Ludwig IV. und seine Gemahlin Elisabeth häufig hier auf. Landgraf Hermann II. wählte die Creuzburg gar zu seiner Residenz, in der er 1241 allerdings vergiftet wurde. Später - die Ludowinger waren ausgestorben, Hessen von der Landgrafschaft Thüringen abgetrennt und die Burg nach langer Belagerung 1259 von König Adolf von Nassau eingenommen - erlangte die Veste Bedeutung als Amtssitz und Mittelpunkt des Amtes Creuzburg. Immer wieder auch nahmen die Landesherren Aufenthalt auf der Creuzburg, deren romanischer Palas (er

wurde Mitte des 18. Jahrhunderts zum Herzoghaus umgebaut) zu diesem Zweck bereitgehalten wurde. Als man 1879 das Amt Creuzburg aufhob, verlor die Burg endgültig ihre Bedeutung. Seit 1981 bemüht sich eine Interessengemeinschaft Creuzburger Bürger, den Verfall der Anlage zu stoppen, sie wiederherzustellen und einer sinnvollen Nutzung zu erschließen.
Sehenswert an der Creuzburg sind vor allem die Ringmauer mit Zinnenkranz, das Herzoghaus (einst Palas, heute ist hier eine Gaststätte eingerichtet) mit romanischen Elementen, das Gelbe Haus im östlichen Turmbereich, der Burgbrunnen sowie Teile der barocken Parkanlage.

Drei Gleichen

Malerisch links und rechts der Autobahn zwischen Gotha und Erfurt erheben sie sich auf drei Bergen – die Drei Gleichen. Sie zählen zu den ältesten Burgen Thüringens, gehörten jedoch nie dem gleichen Herren und haben eine eigene Geschichte. Volksphantasie hat sie mit einem Kranz von Sagen und Legenden umwoben. Eine von ihnen erklärt die Bezeichnung „Drei Gleichen“ für die doch so unterschiedlichen Burgen: am 31. Mai 1230 soll es gewesen sein, da „ein so grausames Wetterleuchten, Donnern und Blitzen war, wovon die Türme auf den Häusern Wachsenburg, Mühlberg und Gleichen entzündet worden und zugleich auf einmal brannten“.
Die älteste und kleinste der Drei Gleichen ist die Mühlburg. Sie wurde bereits 704 erstmals urkundlich erwähnt und gehörte im Verlaufe ihrer wechselvollen Geschichte auch der Stadt Erfurt, deren Handelsstraßen sie zu sichern hatte. Aus dieser Zeit, zwischen dem 14. und 16. Jahrhundert, stammt der größte Teil des noch aufrecht stehenden Mauerwerks der Burgruine.
Der 1904 – 1906 restaurierte Bergfried allerdings wurde bereits im 13. Jahrhundert errichtet.
Der 500 Meter lange, über „Naturtreppen“ führende Aufstieg zur Mühlburg beginnt in der Gemeinde Mühlberg hinter dem „Schützenhof“, einem im Rahmen des Modellprojekts „Dorferneuerung“ restaurierten Gasthauses. Gegenwärtig wird noch an der Erhaltung der Burgruine gearbeitet.
Vom berühmten Gleichenfenster der Mühlburg bietet sich ein historisch gerahmtes Bild der mächtigen Burg Gleichen jenseits der Autobahn. Die sehr gut erhaltene Ruine wurde 1034 erstmals urkundlich erwähnt – als „Gliche“ (Ableitung vom keltischen „glich“ = Felsen). Ab dem 12. Jahrhun-

Eisenach um 1650, Kupferstich von Merian

Das Jagdschloß in Wolfersdorf
ist im Stil der Frührenaissance erbaut.
The hunting lodge at Wolfersdorf
is an example of early Renaissance architecture.

Gotha, Barockschloß Friedenstein,
der Süd-Ost-Turm.
Gotha, the south-east tower
of the baroque castle of Friedenstein.

Die Wachsenburg bei Holzhausen/Arnstadt
mit dem Hohenloheturm.
Wachsenburg Castle near Holzhausen/Arnstadt
with the Hohenlohe Tower.

dert war die Burg Sitz eines alten Thüringer Geschlechts, der Grafen von Tonna (dann Gleichen). Einer der Gleichengrafen ist später in der Legende vom zweibeweibten Grafen unsterblich geworden.

Graf Gleichen mit seinen beiden Frauen

Die vermutlich zum Schutz der alten Handelsstraße von Thüringen nach Franken entstandene Burg wurde im Dreißigjährigen Krieg beschädigt und begann zu verfallen. Diese und andere Einzelheiten aus der Burggeschichte kann man im kleinen Burgmuseum erfahren. Es befindet sich im restaurierten Wehrturm. Einige Treppen höher informiert eine Ausstellung über das Landschaftsschutzgebiet Drei Gleichen. Von der Plattform hat man einen weiten Blick ins Thüringer Land. Der Aufstieg zur Burg lohnt sich immer dann, wenn auf dem Turm eine rotweiße Standarte leuchtet. Sie besagt, daß die Burg geöffnet ist.

Die besterhaltene der Drei Gleichen ist die Wachsenburg bei Holzhausen. Sie soll im 10. Jahrhundert gegründet worden sein und hatte zahlreiche Besitzer. Einer von ihnen war der berüchtigte Raubritter Apel Vitztum von Apolda, der von hier aus Raubzüge gegen das Erfurter Gebiet unternahm. 1641 gelangte die Wachsenburg zum Herzogtum Gotha. Ernst der Fromme ließ sie umbauen und benutzte sie u. a. als Gefängnis. Durch weitere Umbauten, wie der Errichtung des jetzigen Turmes im Jahre 1904/1905, verlor die Burg viel von ihrem mittelalterlichen Gepräge. Dafür blieb sie als geschlossenes Bauwerk erhalten. Heute wird die Wachsenburg als Hotel und Gaststätte genutzt. Der seit 1970 restaurierte Turm dient den Besuchern nun wieder als Aussichtsturm.

Jagdschloß Fröhliche Wiederkunft

Harmonisch in Ort und Landschaft - Trockenborn-Wolfersdorf ist Zentrum des Wandergebietes Schüsselgrund - fügt sich dieser verträumte Renaissancebau ein. Er wurde von Kurfürst Johann Friedrich I. aus kaiserlicher Kriegsgefangenschaft in Auftrag gegeben und 1547 - 1551 von Baumeister Nikolaus Gromann verwirklicht. Der Name des Jagdschlosses erinnert an die Feier, die Johann Friedrich - nun allerdings der Kurfürstenwürde enthoben - hier zu seiner Rückkehr veranstaltete.
Mitte des 19. Jahrhunderts ist das einer Wasserburg nachempfundene Jagdschloß im neugotischen Stil umgebaut worden. Die Altenburger Herzöge nutzten es als Sommerresidenz. Gegenwärtig ist in der Anlage ein Jugendlernhof untergebracht. Sie kann in der Regel nur von außen besichtigt werden.

Schloß Friedenstein

Südlich des Gothaer Stadtzentrums, unweit vom Hauptmarkt, wächst es wie eine gewaltige Barriere empor - Schloß Friedenstein. Schon von weit her sind seine Konturen in dem sonst abgeflachten Land zu erkennen.
Die weiträumige Anlage gilt als Gründungsbau des Thüringer Barock. Sie nimmt die Stelle einer mittelalterlichen, zwischen 1530 und 1541 zur Festung ausgebauten Burg ein. Der „Grimmenstein", wie sie seit 1316 hieß, wurde 1567, im Verlauf der „Grumbachschen Händel", von Kurfürst August restlos zerstört. 1643 erfolgte auf der Wüstung des „Grimmensteins" die Grundsteinlegung für ein Schloß von ungewöhnlichen Ausmaßen - die neue Residenz für Herzog Ernst I., der nach der Teilung des ernestinischen Landes den

vom Dreißigjährigen Krieg stark betroffenen gothaischen Teil übernahm. Schloß Friedenstein ist nicht nur der erste deutsche Schloßbau nach dem Dreißigjährigen Krieg, sondern erstmalig in Deutschland wurde in der Anlage

Die prachtvoll-strenge, in den letzten Jahren aufwendig restaurierte Dreiflügelanlage mit den wuchtigen Ecktürmen, birgt 360 Zimmer. Viele von ihnen blieben originalgetreu erhalten. Ihr Ausstattungsbogen spannt sich vom

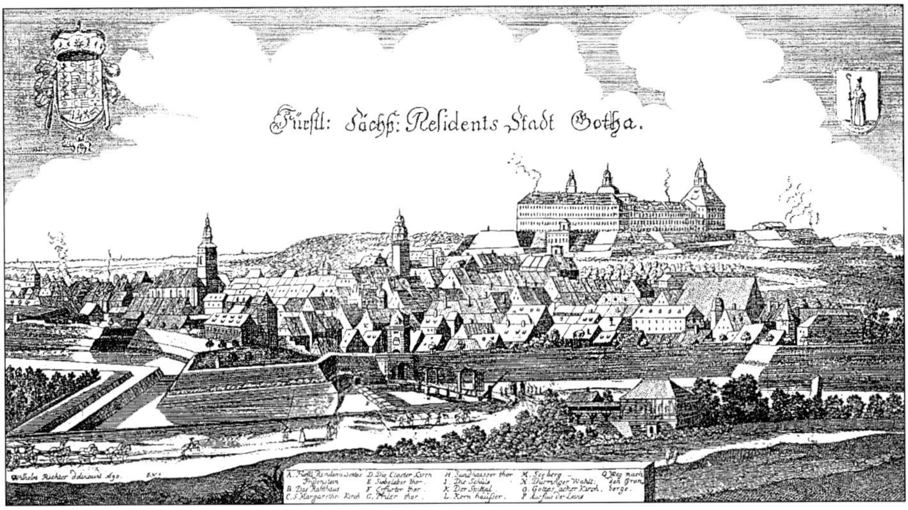

des Baus auch die barocktypische Hufeisenform verwirklicht. Herzog Ernst I., genannt der Fromme, ein charakteristischer Vertreter des Absolutismus, vereinte in der Schloßanlage alle wesentlichen Funktionalbereiche von Behörden, Wirtschafts- und Versorgungseinrichtungen, Münze, Zeughaus, Marstall, Wohn- und Repräsentationsräume, Bibliothek, Kunstkammer und Theater unter einem Dach. Nach dem Bezug des Hauptflügels durch die Herzogliche Familie und eines Teils des Hofstaates 1646 wurde der Name „Friedenstein" eingeführt. Er sollte, wie auch das sandsteinerne Detail „Friedenskuß" am Hauptportal, die Zeitgenossen zum Frieden ermahnen. 1655 galt der Bau als beendet.

Barock über das Rokoko bis hin zum Klassizismus. Die Räume präsentieren zugleich die ungewöhnlich reichen Kunstschätze des Schloßmuseums; niederländische Malerei des 16. und 17. Jahrhunderts; das Kupferstichkabinett; antike Kunstwerke, ägyptische und ostasiatische Kunst; das Münzkabinett. Raritäten bietet auch das Museum für Regionalgeschichte. Sein wohl interessantester Teil ist das Ekhof-Theater im Westturm des Schlosses mit einer Bühnenkulisse aus dem Jahre 1683. Sie erinnert an die Zeit Conrad Ekhofs, der 1775 hier das erste stehende, also fest verpflichtete Ensemble in der deutschen Theatergeschichte gründete. Das Ekhof-Theater wird heute für Sonderveranstaltungen genutzt. Besuchenswert ist auch das Kartographische Museum.
Die im Ostflügel des Schlosses untergebrachte Forschungsbibliothek zählt über 500000 Bände, dazu kommen 5500 europäische und 3300 orientalische Handschriften.

Oben: Gotha um 1690
Schloß Friedenstein

Die Veste Heldburg,
auch „Fränkische Leuchte" genannt.
The Heldberg citadel, also known as
the "Franconian Beacon".

Die Wasserburg Heldrungen um 1650
auf einem Kupferstich von Merian.
Der Grundriß der mächtigen Burg
ähnelt einem vierblättrigen Kleeblatt.
Der Burghof ist unterkellert
und bot als „Tiefgarage"
hunderten Pferden und Soldaten Platz.
The castle of Heldrungen and moat
around 1650, a copper etching by
Merian. The outline of the huge castle
resembles a four-leaf clover. There is a
cellar below the courtyard which was
used as a sort of subterranean garage to
house hundreds of horses and soldiers.

Auf einem 450 Meter hohen Basaltfelsen
bei Rimbach/Bornhagen steht Burg Hahnstein,
die über viele Jahrhunderte eine Raubritterburg war.
Castle Hahnstein in Rimbach/Bornhagen which was
a robber knights' castle for centuries stands on a gra-
nite cliff at a height of 450 metres.

Seiten 26/27: Die Wasserburg Kapellendorf.
Pages 26/27: Kapellendorf castle and moat.

Burg Hanstein

Unmittelbar an der ehemaligen deutsch-deutschen Grenze, bei Bornhagen gelegen, war die Burg Hanstein mehrere Jahrzehnte aus dem Bewußtsein vieler Menschen herausgerückt. Dabei zählte der Hanstein bis zum Beginn des zweiten Weltkrieges jährlich rund 10000 Besucher, unter ihnen Persönlichkeiten wie Achim v. Arnim (1801), Arthur Schopenhauer (1811) oder Kaiser Wilhelm II. (1918).
Die erste Nachricht von der Burg Hanstein stammt aus dem Jahre ihrer Zerstörung durch Heinrich IV.: 1070. Schon wenig später begannen die Brüder Lippold und Heinrich von Hanstein 1308, die inzwischen baufällig gewordene Burg zu einer mächtigen Bastion auf den Höhen über dem Werra-Tal auszubauen. Die Fertigstellung der gesamten Anlage zog sich über 200 Jahre hin. Ende des 16. Jahrhunderts verließen die letzten Hansteiner die teils ungastliche, unbequeme Burg, die im Dreißigjährigen Krieg keinerlei strategische Bedeutung mehr besaß. 1632 plünderten die Schweden den „Alten Hanstein“, wie er im Volksmund hieß. Danach wurden an der Burg nur noch kleinere Reparaturen vorgenommen. Umfangreiche Restaurierungen führte man zwischen 1904 und 1907, anläßlich der bevorstehenden 600-Jahrfeier 1908, durch. 1985 wurde mit größeren Sanierungen der alten Ritterburg begonnen. Wer die „Perle des Eichsfeldes“ besuchen möchte, sollte sich einen berühmten Blick nicht entgehen lassen. Denn die mächtige Burgruine hat ein Pendant: das 1415 erbaute Ludwigstein. Nahe Wendershausen bietet sich ein herrlicher Blick auf Hanstein und Ludwigstein - der vielgerühmte Zweiburgenblick.

Veste Heldburg

Von Wäldern umgeben, ragt die Veste Heldburg weit im Süden Thüringens, im Heldburger Unterland, auf einem

Turmspitze auf der Veste Heldburg vor hundert Jahren

hohen Basaltkegel empor. Als „Fränkische Leuchte“ das Wahrzeichen dieser Region, wird die im 12./13. Jahrhundert entstandene Burg 1317 erstmals urkundlich erwähnt. Nach wechselndem Besitz ging sie mit umliegenden Landesteilen an die Grafen von Henneberg und später an die Grafen von Meißen über, um dann stets bei den Wettinern zu bleiben.
Im dritten Viertel des 15. Jh., von 1560 bis 1564, wurde die Burganlage zum Renaissanceschloß umgebaut. Als Baumeister konnte der weithin bekannte Nikolaus Gromann gewonnen werden. Sein Werk ist der im Stil der Frührenaissance an der Südostseite des Burghofes geschaffene „Französische Bau“ - ein langgestrecktes, im Sinne eines Palastes gestaltetes dreigeschossiges Gebäude mit prächtig verzierten Vorbauten, den Herren- und Frauen-Erkern.

Während des Dreißigjährigen Krieges wurde die Veste mehrfach belagert, erstürmt und geplündert. Im weiteren Verlauf ihrer Geschichte diente sie als Residenz (1677 - 1684) des Hildburghäuser Herzogs Ernst, bevor 1712 - 1720 der Versuch scheiterte, sie zur Festung auszubauen. Die nun folgende Periode des Verfalls wurde erst 1826, nach dem Besitzwechsel zum Herzogtum Sachsen-Meiningen, beendet. 1874, unter Herzog Georg II., kam es zur Instandsetzung der gesamten Burganlage. Der „Hexenturm" erhielt eine neue Turmhaube, der Dachhelm des großen Treppenturmes wurde erhöht, verschiedene Innenräume wurden ausgebaut und erneuert und die beiden Erker am Französischen Bau restauriert.
1945 wurde die Veste Heldburg verstaatlicht und überwiegend als Kinderheim genutzt. 1982 zerstörte eine Brandkatastrophe den Französischen Bau, kulturhistorisch der wertvollste Teil der Veste. 1990 begann der Wiederaufbau des samt Rittersaals bis auf die Kellerräume niedergebrannten Gebäudes - als thüringisch-bayerisches Gemeinschaftswerk. Seit 1994 ist die Veste - größte denkmalpflegerische Baustelle Südthüringens - von der Stiftung Thüringer Schlösser und Gärten übernommen.

Wasserburg Heldrungen

Mit 22,5 Hektar ist die im Südteil der Diamantenen Aue gelegene Wasserburg eine der größten deutschen Anlagen dieser Art. Sie entstand im 12./13. Jahrhundert als romanische Rundburg und entwickelte sich ab 1484 zu einem wichtigen Stützpunkt der Grafen von Mansfeld. Zwischen 1512 und 1519 wurde die mittelalterliche Burg von Grund auf modernisiert und zu einem mit Bastionen, Wällen und Gräben befestigten Schloß ausgebaut. Im Bauernkrieg militärisches Zentrum des nordostthüringischen und mansfeldischen Adels - 1525 wurde Thomas Müntzer hier gefangengehalten und gefoltert -, eroberten 1645 schwedische Truppen die Festung. 1664 - 1668 ließ Kurfürst Georg von Sachsen das Bollwerk erneut ausbauen. Aus dieser Zeit stammen die gewaltigen Rundbastionen und Wehrmauern über den Wassergräben.

Wasserburg Kapellendorf

Inmitten des Städtedreiecks Apolda - Jena - Weimar liegt in einer Talmulde des Sulzbaches der kleine Ort Kapellendorf. Bekannt wurde er wegen seiner guterhaltenen mittelalterlichen Wasserburg.
Entstanden ist die Burg im 12. Jahrhundert, als die „Herren von Kapellendorf" zu Burggrafen von Kirchberg ernannt wurden. In der wechselvollen Geschichte der Anlage spielte die Stadt Erfurt eine bedeutende Rolle: 1348 nutzte der Erfurter Stadtrat die finanziellen Schwierigkeiten der Burggrafen und erwarb Kapellendorf für 300 Mark reinen Silbers (diese Summe entsprach einem Goldäquivalent von 240000 Mark im Jahre 1871). Die Erfurter bauten die Burganlage um und erweiterten sie. Kapellendorf diente nun vor allem dem Schutz wichtiger Handelswege. 1446 verpachteten die nun ihrerseits in Geldnot geratenen Erfurter die Burg an Apel Vitztum von Apolda, der jedoch immer stärker zu einem Raubritter entartete. 1451 brachte eine achtwöchige Belagerung die Burg - im Tausch gegen die Wachsenburg - wieder zu Erfurt. Schließlich war die Stadt gezwungen, Kapellendorf auf unbestimmte Zeit an die sächsischen Herzöge zu verpfänden. 1667 kam es durch Verzicht ganz an das Haus Sachsen.
Von nun an bestand die Bedeutung der Burg vor allem in ihrer Funktion als Sitz und Mittelpunkt des Amtes Kapellendorf mit seiner Vogtei Magdala. Nur noch einmal erfüllte sie ihren ursprünglichen, einen Wehrzweck: 1806, in der Schlacht bei Jena gegen die napoleonischen Truppen, war Kapellendorf Hauptquartier der von Fürst Hohen-

lohe-Ingelfingen befehligten preußischen Teilarmee. Später wurde die Anlage als Irrenhaus, Schule, Saisonarbeiter-Unterkunft und Reichswehrkaserne genutzt. 1930 kam die zusehends verfallende Burg an die Stadt Erfurt, 1956 an die Gemeinde Kapellendorf. Die Rettung der Wasserburg vor dem endgültigen Verfall ist rührigen Heimatfreunden zu danken.

turm. Ihm schließen sich die Restbauten einer alten Kaminküche an. Der neue Burghof wurde von einer zwölf Meter hohen Ringmauer umschlossen. Sie hat die Form eines unregelmäßigen Fünfecks und bietet mit ihren Wehrtürmen und dem Torturm einen imposanten Anblick. An die Mauer angebaut sind noch verschiedene Gebäude.
Vor diesen beiden Burgen hat eine noch

Wasserburg Kapellendorf bei Weimar

Wer heute den Burghof betritt, erkennt unschwer, daß die Wasserburg aus zwei Burgen besteht, die aufeinander folgten und ineinander übergingen. Die erste, die Kernburg, ist die Kirchberger Burg aus der Mitte des 12. Jahrhunderts. Von ihr sind noch die Reste des Bergfrieds, Teile des Palas, der Burgbrunnen sowie romanische Grundmauern zu sehen. Um die Kirchberger Burg herum entstand in der Erfurter Zeit die erweiterte Burg. Sie wird heute von der Kemenate beherrscht, einem fünfgeschossigen spätmittelalterlichen Breitwohn-

ältere Anlage an gleicher Stelle bestanden. Die hölzerne Burg des 8./9. Jahrhunderts hatte die Größe des inneren Mauerringes. Von ihr ist heute allerdings nichts mehr zu sehen.
Besuchenswert neben der über zwei Hektar großen Gesamtanlage ist das Burgmuseum in der Kemenate. Es vermittelt wesentliche Informationen zu „Thüringer Burgen in Geschichte und Gegenwart“. Ein in der zweiten Etage des Breitenwohnturms eingerichteter Festsaal wird für spezifische Kulturveranstaltungen genutzt.

Burgruine Kyffhausen

Ein Gigant unter den Burgen war die 600 Meter lange Reichsburg Kyffhausen. Im 11. Jahrhundert am Nordabfall des Kyffhäusergebirges errichtet, 1118 durch sächsische Fürsten im Kampf gegen die Zentralgewalt zerstört, wurde sie 1125 wieder aufgebaut und wenig später, unter Kaiser Friedrich I. Barbarossa, verstärkt. Die Höhenburg diente dem Schutz der benachbarten Kaiserpfalz Tilleda. Sie gliedert sich in Unter-, Mittel- und Oberburg. Von der nach dem Niedergang der Zentralgewalt zerfallenden Burg sind mehrere Bergfriede und Teile von Wohnungen sowie die Ringmauern erhalten. Sehenswert ist auch der 176 Meter tiefe Brunnen in der Oberburg. Die Mittelburg sowie der östliche Teil der Oberburg mußten dem zwischen 1891 und 1896 erfolgten Bau des Kaiser-Wilhelm-Nationaldenkmals weichen.

Leuchtenburg

Hoch über dem mittleren Saaletal, auf dem steilen Bergkegel des Lichtenberges, thront, einer Königin gleich, die Leuchtenburg. „Königin des Saaletals" wird die weithin sichtbare, unmittelbar an der Weinstraße im nördlichsten Weinbaugebiet Deutschlands stehende Burg deshalb auch genannt.
Man nimmt an, daß der 395 Meter hohe Lichtenberg schon im 10. Jahrhundert, zur Zeit der Sorbenkämpfe Heinrich I., eine Grenzfestung getragen hat. Urkundlich wird die Leuchtenburg erstmals 1221 erwähnt. Als gesichert gilt, daß Hermann IV. von Lobdeburg sie als feudale Grundherrenburg errichten ließ. Spätere Burgbesitzer waren die Grafen von Schwarzburg und die Wettiner. Bis 1714 war die Burg Sitz des Amtes Leuchtenburg-Orlamünde; von 1724 – 1871 diente sie als Zuchthaus und, bis 1828, als Irrenhaus. 1871 begann man, die Zuchthausbauten abzureißen und ein Hotel und eine Gaststätte einzurichten. Seit 1920 besteht auf der Leuchtenburg eine Jugendherberge. Trotz der zahlreichen Um- und Ausbauten, die letztlich jedoch den Verfall der Burg verhindern halfen, beeindrucken noch immer die mittelalterlichen Wehranlagen. Von der alten Hauptburg freilich ist nur noch der Bergfried mit seinen 2,55 Meter starken Mauern erhalten. Er stammt aus dem 13. Jahrhundert und erhebt sich mehr als 30 Meter über den Lichtenberg. Wer die 151 Treppenstufen bis hinauf zur Aussichtsplattform nicht scheut, wird mit einem herrlichen Rundblick belohnt; bei guter Sicht kann man von hier oben, 436 Meter über dem Meeresspiegel, sogar bis nach Leipzig und Altenburg schauen.
Um den mittelalterlichen Bergfried fügt sich das Herrenhaus aus dem 18. Jahrhundert. In ihm ist heute ein Museum eingerichtet. Es zeigt Ausstellungen zur Burggeschichte, zur höfischen Jagd und zur Geschichte und Gegenwart des bekannten Kahlaer Porzellans. Viele Informationen zum historischen Weinanbau an der Saale bietet eine 1985 eröffnete Spezialausstellung.
Sehenswert ist auch die Ringmauer mit den mächtigen, aus dem 15. Jahrhundert stammenden Wehrtürmen. In einem von ihnen steht ein gewaltiges Tretrad aus dem Brunnenhaus der Vorburg. Es diente zum Hochwinden des Wassers aus dem 80 Meter tiefen Brunnen und mußte von Sträflingen getreten werden.
Jährlich kann man auf dem Burggelände „Mittelalter live" erleben und einem „echten" Minnesänger zuhören.

Burgruine Orlamünde

Hoch über der Saale erhob sich einst die Burg Orlamünde. Sie entstand vermutlich als Teil des Grenzburgensystems gegenüber den slawischen Siedlungsräumen und diente als Stammsitz der Grafen von Weimar-Orlamünde. Von der seit dem 14. Jahrhundert allmählich zerfallenden Burganlage blieb nur ein mächtiger sechsstöckiger Breit-

30

Von der Burg Orlamünde blieb die Kemenate, ein mehrstöckiger Wohnturm, erhalten.
The bower, a multi-storeyed residential tower, is a remnant of Orlamünde Castle.

Die Leuchtenburg in der Nähe von Kahla.
Leuchtenburg Castle near Kahla.

Der gestufte Bergfried verleiht der Osterburg über Weida ein unverwechselbares Aussehen.
Osterburg Castle situated above the Weida owes its unique appearance this layered keep.

wohnturm erhalten. Mit großer Wahrscheinlichkeit wurde er im frühen 11. Jahrhundert errichtet und gehört somit zu den ältesten vorhandenen monumentalen Profanbauten Thüringens. Die Kemenate stellte ein Bollwerk an der Hauptflanke der Burg dar. Ihre Mauern sind im unteren Teil bis zu 3 Meter dick, und der Eingang befand sich auf der dem Feind abgewandten Seite 9 Meter über dem Boden. Die Türen im Erdgeschoß entstammen der neueren Zeit. Dem Wohnturm fehlte es an jeder Bequemlichkeit. Die Stockwerke waren nur über Leitern zu erreichen.

Schloß Osterburg

Über der Stadt Weida erhebt sich die Osterburg, einst eine romanische Befestigungsanlage aus dem 12. Jahrhundert. Bis zu Beginn des 15. Jahrhunderts war die Burg Stammsitz der Vögte und Herren von Weida. Aus der Frühzeit blieb der Unterbau des runden Bergfrieds erhalten. Der schlanke Aufbau kam später, bis ins 14. Jahrhundert, hinzu. Mit einer Höhe von 54 Metern ist der Turm der gewaltigste Thüringens.
Im 16. Jahrhundert, nachdem die Herrschaft Weida an die Wettiner überging und die Anlage Sitz der Amtsverwaltung wurde, baute Nikolaus Gromann die Burg unter Einbeziehung früherer Architekturreste zum Schloß um. Im 17. Jahrhundert wurde die Osterburg insgesamt baulich erneuert.

Burg Ranis

Auf einem gewaltigen Felsen, hoch über den Dächern des kleinen Städtchens Ranis, erstreckt sich eine mächtige Burganlage: Ranis. Vermutlich im 11. Jahrhundert entstanden, spielte sie in der Sicherung des Reichsgebietes Kaiser Friedrich I., vor allem zu den noch slawisch besetzten Gebieten hin, eine Rolle. Später befand sie sich im Besitz der Thüringer Landgrafen, der Grafen von Schwarzburg und der Markgrafen von Meißen. Nach einer Besitzperiode der Brandensteiner, die 1571 mit dem Konkurs endete, erwarb Ritter Melchior von Breitenbauch die Burg. Damit gelangte Ranis in den niederen Adelsbesitz. Der letzte Adelssproß und Besitzer, Dietrich von Breitenbuch (die Namensumschreibung erfolgte 1902), verkaufte die Anlage 1942 an das Deutsche Rote Kreuz. 1956/1957 wurde in dem historischen Bauwerk ein Museum eingerichtet. Es zeigt Ausstellungen zur Baugeschichte, zu den ur- und frühgeschichtlichen Funden in der Ilsenhöhle im Felsen unterhalb der Festungsanlage sowie zur Geologie an Saale und Orla. Die dem 390 Meter langen Felsen angepaßte Burganlage entwickelte sich im Verlaufe von fünf Jahrhunderten in drei großen Bauabschnitten: bis 1200 erfolgte der Bau der ersten nachweisbaren Burganlage mit Wohnturm, Bergfried und Ringmauer. Zwischen dem 13. und 15. Jahrhundert kamen die östlich anschließenden Teile der Hauptburg, an der Südseite ein neuer Wohnflügel, die später abgerissene Kapelle und der Ausbau der Torbefestigung hinzu. Im 16. und 17. Jahrhundert erfolgte der repräsentative Ausbau zum Schloß. Davon zeugen die Dachgeschoßausbauten mit den Ziergiebeln und die Überbauung der Toreinfahrt.

Runneburg

Eine der größten romanischen Burgen Mitteldeutschlands ist die im nordthüringischen Weißensee gelegene Runneburg. Sie gilt neben der Wartburg, Creuzburg und Neuenburg als die bedeutendste Burg der Thüringer Landgrafen, sicherte sie ihnen doch die Kontrolle der wichtigen Nord-Süd-Verbindung Erfurt-Magdeburg und den Weg von der Wartburg zur Neuenburg. Fachleute wissen, daß von der Runneburg mehr Regierungshandlungen getätigt wurden als von der Wartburg. Die Entstehungsgeschichte der Burg schildert die Reinhardsbrunner Chronik so: „Als Ludwig II. sich auf dem

Reichstag von Regensburg 1168 mit Heinrich dem Löwen aussöhnte, begann des Kaisers Stiefschwester Jutta am Weißen See eine Burg zu bauen, damit sie dort eine Raststätte habe zwischen den Grenzpunkten Wartburg und Neuenburg." Wahrscheinlicher allerdings ist, daß es an gleicher Stelle bereits weit früher - vermutlich im 6./7. Jahrhundert - eine stattliche Anlage gegeben haben muß, deren aufwendige Umgestaltung 1168 begonnen wurde. Die oft als Residenz genutzte Burg geriet später, als sich das Thüringer Herrschaftsgebiet aufspaltete, an die sächsischen Herzöge und verlor mehr und mehr an Bedeutung.
Vom einstigen Rang der Burg künden der noch erhaltene romanische Palas, der besonders repräsentativ gewesen sein dürfte, und die 1989 unter dem Fußboden eines nicht mehr vorhandenen Gebäudes entdeckte Warmluftheizung rechts neben dem Wohnturm. Als geradezu sensationell wird die im heutigen Erdgeschoß des Palas freigelegte romanische Astsäule aus Sandstein mit Weinrankenkapitell bezeichnet.

Wartburg

Was wohl mag es nur sein, das die Menschen in wachsenden Strömen zum Eisenacher Wartberg treibt, hinauf zur sagenumwobenen Wartburg? Ist es die attraktive, Stadt und Umgebung krönende Burganlage, eine der besterhaltenen mittelalterlichen überhaupt? Ist es der Ruf, eine historisch und künstlerisch hochbedeutende Stätte zu sein? Oder ist es der einzigartige, schon vom jungen Goethe überschwenglich gelobte Blick auf die „lieblichen Auen und Täler", der sich von hier oben bietet? Wahrscheinlich ist von alledem etwas schuld an dem „Wartburgfieber", das - wie eine französische Zeitung 1862 schrieb - „die Leute alljährlich in der schönen Jahreszeit befällt". Inzwischen freilich ist die „Fieberkurve" auch in der weniger schönen Jahreszeit bedrohlich angestiegen, und die jetzigen 600000 bis 800000 Besucher pro Jahr sind aus denkmalpflegerischer Sicht kaum mehr zu verantworten: das touristische Gedränge schadet den Kunstschätzen. Hinzu kommen die negativen Auswirkungen der zahlreichen Hubschrauberflüge rund um die Burg, die die weltberühmten Wartburgfresken erzittern lassen.

Die Wartburg bei Eisenach von Norden

1992 jährte sich das - sagenhafte - Gründungsjahr der bekanntesten deutschen Burg zum 925. Male. Ihre erste urkundliche Erwähnung indes stammt aus dem Jahre 1080. Daß die damalige Anlage - eine Schlüsselposition am Hauptzugang des thüringischen Gebietes - ganz anders aussah als heute, ist erwiesen: Hamburger Holzbiologen haben herausgefunden, daß die Eichen, aus denen man die Deckenbalken für den Keller und das erste Obergeschoß des Palas fertigte, 1162 eingeschlagen worden sind. Hier, in dem dreigeschossigen Prachtbau, soll auch der sagenumwobene Sängerkrieg (1206 - 1207) stattgefunden haben, der Richard Wagner zu seiner Oper „Tannhäuser" angeregt hat. Tatsache immerhin ist, daß die Wartburg schon zu jener Zeit nicht mehr nur ein Wehr-, Wohn- und Residenzbau war, sondern auch ein Zentrum höfisch-ritterlicher Kultur, das die berühmtesten Minnesänger des Hochmittelalters anzog: Wolfram von Eschenbach, Heinrich von Ofterdingen, Heinrich von Veldecke und Walther von der Vogelweide.
Der ersten Blütezeit der Wartburg - während der Herrschaftsperiode der

Eine der größten romanischen Burgen Deutschlands – die Runneburg bei Weißensee.
One of the largest Romanesque castles in Germany – the Runneburg near Weißensee.

Wuchtige Mauern schützen Burg Ranis.
Ranis Castle is protected by its massive walls.

Musenhof und Sprachschmiede:
Die Wartburg bei Eisenach.
The courtyard for master poets and singers:
the Wartburg Caslte in Eisenach.

Ludowinger (von 1131 bis 1247) – folgte im 16. Jahrhundert eine zweite. Von Mai 1521 bis März 1522 verbarg Kurfürst Friedrich der Weise – die Burg hatte mit Beginn der wettinischen Herrschaft ihre strategische Bedeutung verloren und war ein Vogtsitz geworden – hier den nach dem Wormser Reichstag für vogelfrei erklärten Martin Luther. Als „Junker Jörg" getarnt, übersetzte der Reformator in der Vogtei der Vorburg das Neue Testament aus dem griechischen Urtext in eine volkstümliche deutsche Sprache. Seither wurde die Burg zum Ort des freien Wortes, zum Freiheitssymbol schlechthin. Als 300 Jahre nach Luthers Thesenverkündigung und vier Jahre nach der Völkerschlacht bei Leipzig 500 Burschenschafter hier oben Einigkeit und Freiheit in einem einzigen Vaterland forderten, war die Burg allerdings nur noch Ruine.

Die Lutherstube auf der Wartburg

1838 begannen im Auftrag des Weimarer Großherzogs, Carl Alexander, umfangreiche Restaurierungsarbeiten. Sie zogen sich über Jahrzehnte hin und verliehen der Burg jenen romantischen Glanz, den wir heute so an ihr lieben. Weitere Restaurierungen wurden seit den 50er Jahren vorgenommen.

Kirchenburgen

In Südthüringen, dort, wo jahrhundertelang ungezählte Kleinkriege zwischen dem Stift Würzburg und den Grafen Henneberg sowie zwischen dem Adel untereinander für Unruhe sorgten, schufen die schutzsuchenden Menschen ein bemerkenswertes Bauwerk: die Kirchenburg. Mitten im Dorf liegend, diente die befestigte Dorfkirche der Selbstverteidigung der Bevölkerung. Zweiundzwanzig trutzig umwehrte Kirchenanlagen gibt es im mittleren Werratal; die bedeutendsten von ihnen können wir in Rohr, Leutersdorf, Vachdorf, Einhausen, Obermaßfeld, Walldorf und Herpf kennenlernen. Östlich von Meiningen liegt der kleine Ort Rohr. Seine Kirchenburg ist eine der besterhaltenen Südthüringens. Die fast kreisförmige, rings um den Kirchhof gezogene und nur von einem Torturm unterbrochene Wehrmauer besitzt eine Höhe von vier bis sechs Metern. Noch heute ist der Wehrgang erkennbar. Sein oberer Absatz war einst mit Schießscharten bestückt. Die Grundmauern der Wehranlage dürften im späten 12. oder frühen 13. Jahrhundert entstanden sein. Vermutlich erst im 15. Jahrhundert wurde die Mauer erhöht. Die stärkste und historisch bedeutsamste Bauernfestung des Werratals steht in Walldorf. Sie erhebt sich auf einem Sandsteinfelsen und wurde an der Stelle einer Burg errichtet. In den bis zu sechs Meter hohen Schildmauern haben sich die Ecktürme und der Bergfried erhalten, der zum Turm der kleinen Saalkirche umgebaut worden ist. Die nach innen offenen runden Ecktürme springen über die Flucht der Mauer vor, so daß die Angreifer auch von der Flanke her unter Beschuß genommen werden konnten.

Nur sechs Kilometer weiter, in Herpf, ist die nächste mächtige Kirchenburg zu besichtigen. Sie entstand im 14. Jahrhundert aus einer alten Feudalburg, die - aus unbekannten Gründen - den Bauern überlassen wurde. Die teilweise überbaute und deshalb schwer zugängliche Burganlage besaß einen doppelten Mauerring. Vor der Hauptmauer lag ein bis zu drei Meter breiter Abschnitt, der durch eine zweite, mit Ecktürmchen versehene niedrigere Mauer gesichert war. Innerhalb der Wehranlage, an die Wehrmauer gelehnt, befanden sich „Gaden" - kleine aus Fachwerk gebaute und oft mit einem Keller versehene Scheunen. Jede Familie hatte das Recht, einen solchen Gaden, der in Kriegszeiten ihre bewegliche Habe aufnahm, zu errichten. Einige der Gadenkeller werden noch heute genutzt. Eindrucksvolle Reste weist auch die Kirchenburg in Vachdorf auf.

Torturm der Bergkirche von Rohr

Schloß Altenburg

Architektonische Zeugnisse aus neun Jahrhunderten vereint das Schloß Altenburg, von 1603 - 1672 und von 1826 - 1918 Residenz des Herzogtums Sachsen-Altenburg. Älteste Teile der auf einem Porphyrfelsen außerhalb des Stadtkerns gelegenen weiträumigen Anlage sind die Überreste einer Burg aus dem 10./12. Jahrhundert: der 32 Meter hohe Hausmannsturm und der Mantelturm, wegen seiner Dachform die „Flasche" genannt. Auch die Nordwand der nach 1444 mit einem einzigartigen Sterngewölbe versehenen Schloßkirche steht auf romanischen Mauern.

Schloß Altenburg

Unter Friedrich I. Barbarossa, der sich sechsmal in Altenburg aufhielt, wurde die Burg zur Kaiserpfalz ausgebaut. 1328, nach einer längeren Belagerung, gelangten Burg und Stadt in die Hand der Wettiner, deren Machtstellung sich in einigen Schloßbauten ausdrückt. Anfang des 16. Jahrhunderts ließ Friedrich der Weise zahlreiche Umbauten vornehmen und die Anlage zu einem Schloß umgestalten. Sein heutiges Aussehen erhielt das ehrwürdige Herzogschloß vor allem im 18., teilweise auch noch im 19. Jahrhundert.

Von den Renaissancebauteilen ist die Arkadengalerie (1604) im kleinen Schloßhof sehenswert. Beeindruckend in den einstigen herzoglichen Gemächern der 1869 erneuerte, als Konzertsaal genutzte Festsaal mit dem Deckengemälde „Amor und Psyche" und der nach einem Brand 1905 restaurierte Bachsaal mit zehn Deckengemälden zur wettinischen Historie.

Das Hauptgebäude birgt das Schloßmuseum, u. a. mit Spielkarten-, Waffen- und Porzellansammlungen.

Die weiträumige Schloßanlage Altenburg.
Altenburg Castle with its extensive grounds.

39

Die Dorfkirche Rohr
inmitten umfangreicher mittelalterlicher
Befestigungsanlagen.
The village church of Rohr
surrounded by extensive medieval fortified sites.

Renaissanceschloß Bertholdsburg in Schleusingen.
The Renaissance Castle of Bertholdsburg in Schleusingen.

Schloß Bertholdsburg

Schon vor mehr als 700 Jahren, 1268, ist im südthüringischen Schleusingen das Vorhandensein einer Burg bezeugt. „Castrum cum civitata“ heißt es in einer alten Urkunde, also „Burg und Stadt“. Die Bertholdsburg entstand zum Schutz der wichtigen Handelsstraße, die Erfurt mit Nürnberg verband. Nach der Erbteilung der Grafschaft Henneberg 1274 wurde sie ständiger Wohnsitz und Residenz der Schleusinger Linie bis zu deren Aussterben 1583. Später diente Schloß Bertholdsburg nur noch als Verwaltungssitz verschiedener sächsischer und preußischer Behörden. Sei 1953 ist es Museum.
Ihr heutiges Aussehen erhielt die Bertholdsburg im 15./16. Jahrhundert. Die unregelmäßige Vierflügelanlage wird im östlichen Baukomplex durch verschiedene Giebel und drei mächtige Ecktürme belebt. Von den neun Türmen, die das Schloß einst besessen haben soll, sind noch acht vorhanden beziehungsweise lassen sich nachweisen. Sehenswerte Schloßräume sind der zweischiffige gewölbte Saal mit Wandmalereien zur Herkules-Sage (um 1600 entstanden) und die kreuzgewölbte Schloßküche. Die in den vergangenen Jahren begonnenen umfangreichen Rekonstruktionsarbeiten werden fortgesetzt.
In Schloß Bertholdsburg befindet sich ein interessantes Naturhistorisches Museum. Dauerausstellungen sind das Amphibien-Vivarium (seit 1988) und „Minerale – Faszination in Form und Farbe“ (seit 1990). Die regionalhistorische Abteilung informiert über die Papierherstellung und Geschichte des Buchdrucks.
Schloßkonzerte, Sonderausstellungen, Vorträge und Burgfeste haben das Schloß zum kulturellen Zentrum werden lassen.

Schloß Burgk

Stilistische Vielfalt kennzeichnet das Burgker Schloßensemble, wie es sich heute darbietet. Hervorgegangen aus einem militärischen Funktionsbau, fügte es das 16./17. Jahrhundert Stück für Stück – in den engen Grenzen, die knapper Geldbeutel und mangelnde Baufreiheit auf dem weit ins Saaletal vorragenden Felssporn zuließen – zu einem zumindest von außen recht nüchtern wirkenden Repräsentationsbau. Dennoch – oder gerade deswegen – haben auch in Burgk die einzelnen Baustile ihre Spuren hinterlassen: Romanik und Gotik am Wehrbau, Renaissance und Barock am zum Schloß umfunktionierten Burgteil.

Schloß Burgk über der Saale

Der erste urkundliche Hinweis auf eine Befestigung Burgk stammt von 1365. In jener Zeit, mit einigen kleinen Unterbrechungen bis 1547, war Burgk im Besitz der Vögte bzw. Herren von Gera. Anschließend fiel sie an den Burggrafen von Meißen, Heinrich IV. Von 1596 – 1945 gehörte Schloß Burgk den Nachkommen des Fürstenhauses Reuß ältere Linie.
Ältestes Gebäude der ab 1403 umgebauten Burg ist der Palas. Er erhebt sich turmartig schmal und hoch über rechteckigem Grundriß und ist Wehr- und Wohnbau zugleich – typisch für die Burgen der Saalekette. Auch Teile

der Burgkapelle sind aus der Entstehungszeit der Burg erhalten. Die übrigen drei Flügel um den etwa dreieckigen Hof entstanden mit dem Ausbau der Burg zum Wohnschloß während des 16. und 17. Jahrhunderts. Zeugnisse dieser Periode sind repräsentative Wohnräume im Stil der späten Renaissance beziehungsweise des frühen Barocks.
Seit 1952 ist Schloß Burgk Museum. Zu den Sehenswürdigkeiten – neben den Resten der mittelalterlichen Befestigungsanlage wie Schildmauer, Zwinger, Wallgräben und Wehrgängen – gehören die Prunkräume mit Barock- und Rokokoausstattung, der Jagdsaal mit bemalter Decke, die Schloßküche mit Kegelkamin sowie die Schloßkapelle in ihrer barocken Pracht. Eine besondere Kostbarkeit ist die 1742/1743 in den Kirchenraum eingebaute Silbermann-Orgel. Sie zählt zu den kleinsten des Meisters, ist aber eine der wenigen, die nahezu unverändert erhalten geblieben sind. Proben ihres wunderschönen Klanges vermitteln Orgelvorführungen oder kleine Orgelkonzerte. Unvergeßliche Eindrücke hinterlassen auch die Exlibris-Sammlung (eine der größten in Europa) und die buchkünstlerische Exposition im Pirckheimer Kabinett.
Schloß Burgk hat sich zu einem kulturellen Zentrum im südöstlichen Thüringen entwickelt.

Schloß Christiansburg

Residenz – Rathaus – Landratsamt: das sind die wichtigsten „Karriere“-Stationen des Eisenberger Schlosses. Die ostthüringische Stadt bildete von 1680 bis 1707 mit Camburg, Roda und Ronneburg ein besonderes Herzogtum. Dessen einziger Herrscher, Herzog Christian, ließ 1677 die bis heute erhalten gebliebene bescheidene Barockanlage anstelle eines älteren Baues errichten. Bemerkenswerter als das Schloß selbst ist die im Ostflügel entstandene, 1692 geweihte hochbarocke Schloßkapelle. Sie gehört zu den großartigsten Baudenkmälern Thüringens.
Die Querkirche mit vorgesetztem Chor wurde von den Baumeistern J. W. Gundermann und J. M. Richter geschaffen. 1992, anläßlich ihres 300jährigen Bestehens, erhielt die Kirche neuen Glanz.

Dornburger Schlösser

Wer wohl könnte sie besser beschreiben als der große Goethe! Er weilte während seiner Weimarer Jahre über zwanzigmal hier und stellte sie seinem Freund Karl Friedrich Zelter 1828 in einem Brief so vor: „Ich weiß nicht, ob Dornburg Dir bekannt ist; es ist ein Städtchen auf der Höhe im Saaletal unter Jena, vor welchem eine Reihe von Schlössern und Schlößchen geradezu am Absturz des Kalkflözgebirges zu den verschiedenen Zeiten erbaut ist; anmutige Gärten ziehen sich an Lusthäusern her; ich bewohne das alte neuaufgeputzte Schlößchen am südlichen Ende. Die Aussicht ist herrlich und fröhlich, die Blumen blühen in den wohlunterhaltenen Gärten, die Traubengeländer sind reichlich behangen...“
Ältestes der drei ungleichen Dornburger Schlösser ist das nördliche, 1521 errichtete. Einzelne Teile des Bauwerkes freilich sind noch viel älter, denn das Alte Schloß steht auf den Grundmauern einer vermutlich im 10. Jahrhundert von König Heinrich I. gegründeten Pfalz; der 90 Meter hohe, steil zur Saale hin abfallende Muschelkalkfelsen war bereits in frühmittelalterlicher Zeit einer der wichtigsten strategischen Plätze an der Grenze zum slawischen Gebiet. Gegenwärtig finden am Alten Schloß im Rahmen der Rheinland-Pfalz-Hilfe für Thüringen substanzerhaltende Baumaßnahmen statt. Es kann nur von außen besichtigt werden.
Nur wenig später als das nördliche entstand 1539 das zweite, südliche Schloß. Es ist als Renaissanceschloß oder „Stohmannsches Schlößchen“ (nach dem Besitzer bis 1824) bekannt und entstand als Herrenhaus bei einem Rittergut. 1824 kam das Schloß in den

Dornburger Schlösser,
das Rokokoschloß inmitten einer Parkanlage
hoch über der Saale.
The Dornburg Castles, the rococo castle
set in the middle of its park-like grounds
high up above the river Saale.

Dornburger Schlösser,
Renaissanceschloß, auch „Goetheschloß".
Hier fand der Dichterfürst Muße
zum Schreiben und Entspannen.
The Dornburg Castles, this Renaissance castle
is also known as the "Goethe" castle.
The great poet used to retreat here both to
write and to relax.

Besitz des Weimarer Fürstenhauses. 1828 nahm Goethe für längere Zeit in dem – wie er oben schrieb – „alten, neuaufgeputzten Schlößchen am südlichen Ende“ Quartier. Das unlängst mit einem neuen Fassadenanstrich versehene Schloß ist heute Goethe-Gedenkstätte und beherbergt ein kleines Café.
Jüngstes und architektonisch wertvollstes der Dornburger Schlösser ist das mittlere. Herzog Ernst August ließ es, einer fürstlichen Laune folgend, von 1736 – 1747 als Lustschloß errichten. Mehr als zwanzig Bürgerhäuser mußten dem Rokokoschloß weichen. Architekt des „Neuen Schlosses“, wie es damals hieß, war Gottfried Heinrich Krohne, dem wir auch den Neubau der Heidecksburg in Rudolstadt verdanken. Bauherr Ernst August hat das Schloß nach seiner Fertigstellung nicht mehr betreten. Goethe entdeckte das Kleinod 1777 wieder und bewohnte es, wenn er dienstlich in Dornburg zu tun hatte, öfter.

Schloß Elisabethenburg

Zwischen zwei Gebirgen – dem Thüringer Wald und der Rhön – liegt Meiningen, einst Residenzstadt des Herzogtums Sachsen-Meiningen. Am 26. Juli 1682, zwei Jahre nach Antritt seiner Herrschaft, ließ Herzog Bernhard I. den Grundstein für den Neubau einer mehr als nur geräumigen Residenz legen: Elisabethenburg. Der Grundriß des dreiflügeligen Barockschlosses mit vorgezogenem Mittelrisalit gleicht dem Großbuchstaben E – Monogramm Elisabeths, der zweiten Gemahlin des Erbauers.
Schloß Elisabethenburg wurde nahe der Werra, auf dem Gelände einer mittelalterlichen Bischofsburg errichtet. Ein Teil dieser alten, 1432 zerstörten und von 1509 bis 1511 wiederaufgebauten Burg ist in den Neubau einbezogen worden. Er bildet den Altes Schloß oder auch Bibrasbau – nach dem Würzburger Bischof Lorenz, ein Herr von Bibra – genannten Nordflügel.

Wie auch andere Schlösser des Thüringer Frühbarocks, kennzeichnet Elisabethenburg eine einfache aber typische Außenarchitektur. Die Putzquaderung mit den rot gefaßten langen Fensterreihen hinterläßt einen geschlossenen, kraftvollen Eindruck. Im Gegensatz zur äußeren Schlichtheit steht die qualitätvolle Innenarchitektur des Rokokos und Klassizismus.
In 48 Räumen des Schlosses sind die reichhaltigen Sammlungen der Staatlichen Museen Meiningen untergebracht. Besichtigt werden können u. a. Ausstellungen über Theatergeschichte, Musikgeschichte (Max-Reger-Archiv), Gemälde, Kunsthandwerk und auch eine naturwissenschaftliche Abteilung.

Unteres Schloß Greiz

Als Heinrich dem Älteren Reuß nach der Erbteilung von 1564 die Landesherrschaft von Untergreiz zufiel, ließ er sich am Nordufer der Weißen Elster ein Residenzgebäude errichten: das Untere Schloß. 1802 brannte der Gebäudekomplex zusammen mit großen Teilen der Stadt aus. Noch im gleichen Jahr begann der Neuaufbau. 1809 waren die aufwendigen Arbeiten beendet. 1884 und 1885 wurde die „Neue Burg“ an der Elsterseite um einen Ostflügel, dem eine beschieferte Turmzwiebel aufgesetzt war, erweitert. Damit hatte die zweiflügelige, in V-Form an die Stadtkirche gelehnte Anlage ihre endgültige Gestalt gefunden.
Das in schlichten klassizistischen Formen erbaute Schloß beherbergt seit 1929 das Heimatmuseum. Besonders sehenswert sind einige restaurierte Innenräume, so der 1807 vollendete „Weiße Saal“.

Schloß Heidecksburg

Auf einem Sporn am Mittellauf der Saale, hoch über Rudolstadt, liegt das mächtige Barockschloß Heidecksburg. Wer es, dem knappen Angebot an Parkplätzen folgend, nach 169 ermüdenden

Treppenstufen schließlich von der Westseite her betritt, wird schon an der Hoffassade mit dem vergoldeten Brustbild des Bauherrn und einer wesentlichen Information vertraut gemacht: „Das Schloß ist aus der Asche wiedererstanden. Fürst Friedrich Anton dankt Gott mit Wunsch, er möge es erhalten, hegen und schützen. Im Jahr 1741."
Schloß Heidecksburg wurde 1737 als Residenz der Fürsten von Schwarzburg-Rudolstadt anstelle eines 1735 abgebrannten Renaissanceschlosses (etwa 1575) sowie noch älterer, in Kriegen und durch Brände vernichteter Burgen und Schloßanlagen errichtet. Für die erste Bauphase, in der besagter Westflügel entstand (und nicht, wie man die in vergoldeten Lettern ausgeführte Inschrift deuten könnte, die gesamte Schloßanlage), zeichnete der Dresdner Baumeister Johann Christoph Knöffel verantwortlich. Ihn löste 1743 der Thüringer Baumeister Gottfried Heinrich Krohne ab, der bis zu seinem Tode 1756 die Vollendung des Rudolstädter Schlosses leitete. Nachfolger wurde der Schwarzburg-Rudolstädtische Baumeister Peter Caspar Schellschläger.
Schloß Heidecksburg ist eine Dreiflügelanlage. Die unterschiedlich langen Gebäude gruppieren sich um einen geräumigen, etwa rechteckigen Schloßhof.
Im Westflügel befinden sich die Fest- und Repräsentationsräume. Von ihnen kommt dem Großen Festsaal im ersten Obergeschoß wohl die meiste Bedeutung zu. Seine prachtvolle Rokoko-Ausstattung geht auf die Ideen von G. H. Krohne zurück. Der 150 Meter lange, den Schloßhof stadtseitig begrenzende Südflügel barg die höfischen Wohnungen. Da er bei dem Brand von 1735 am wenigsten gelitten hatte, blieben in ihm in mehreren Räumen alte Ausstattungen erhalten. Schönster Raum des Südflügels ist das zwischen 1720 und 1730 eingerichtete ostasiatische Spiegelkabinett. Zwischen Süd- und Westflügel erhebt sich der 1745 vollendete barocke Turm. Der kurze Nordflügel schließt sich im stumpfen Winkel an den Westflügel an. Er enthält auch den Brunnenkeller mit dem 1969 restaurierten, 60 Meter tiefen Brunnen. Der langgestreckte Schloßhof geht südöstlich, durch eine Terrasse getrennt, in den Schloßgarten über. In seiner Mitte steht das barocke „Schallhaus". Seit 1918 ist Schloß Heidecksburg staatliches Museum – eines der größten Thüringens. Die Sammlungen umfassen nicht nur die sehenswerten Fest- und Wohnräume, sondern auch Gemälde, Graphik, Plastiken, Möbel und kunsthandwerkliche Gegenstände.
Im Nordflügel des Schlosses sind die aus Schloß Schwarzburg übernommene Waffensammlung „Schwarzburger Zeughaus" und das Regionalmuseum Heidecksburg untergebracht. Aber das Schloß ist heute nicht nur Museum und Sitz des Thüringischen Staatsarchivs sondern auch der Stiftung Thüringer Schlösser und Gärten, die sich um Pflege und Erhaltung bedeutender Kunstwerke in Thüringen kümmert.

Jagdschloß Hummelshain

Inmitten weitläufiger Wälder, bei der Ortschaft Hummelshain, versteckt sich ein Jagdschloß von unvermutetem Schauwert. Die Altenburger Herzöge ließen es 1880 anstelle eines alten Jagdhauses in ihrem bevorzugten, östlich Orlamündes gelegenen Jagdrevier erbauen. Architekt war der Berliner Schloßbauleiter Ernst von Ihne.
Der von einem burgartigen Turm überragte Neorenaissancebau besticht durch seinen gründerzeitlich überzogenen, das klassische Maß weit übertreffenden Formenreichtum. Nicht minder üppig ist das Schloßinnere ausgestattet. Die gut erhaltene, von einem großen Park umgebene Anlage erinnert an einen englischen Landsitz. Das Schloß steht gegenwärtig zum Verkauf.

Schloß Kochberg

Goethes häufige Aufenthalte und seine über ein Jahrzehnt andauernde Bezie-

Seite 46: Das prächtige Schloß Heidecksburg über Rudolstadt.
Page 46: The magnificent Heidecksburg Castle looking out onto the town of Rudolstadt.

Neorenaissance:
Jagdschloß Hummelshain.
Neo-Renaissance:
The hunting lodge at Hummelshain.

Barock:
Schloß Elisabethenburg, Hofseite.
Baroque:
Elisabethenburg Castle taken from the court side.

hung zu Charlotte von Stein, Herrin von Kochberg, haben das zauberhafte Renaissanceschloß weltbekannt gemacht. Die Geschichte des nördlich von Rudolstadt gelegenen einstigen Feudalsitzes reicht weit in das Mittelalter zurück: Seit 1274 ist in Kochberg ein gleichnamiges Rittergeschlecht bezeugt. 1380 wird der Feudalsitz als „Purgstall zu Kochberg" erwähnt und 1455 als „Freier Wasserhoff". 1577 kam der Besitz an die Herren von Schönfeld. Diese ließen die mittelalterliche Wasserburg im Stile der Renaissance in eine mehrflügelige Schloßanlage mit einem fünfgeschossigen, von Zwerchgiebeln gekrönten Hauptgebäude und einem dieses überragenden Treppenturm umwandeln. Seit 1733 gehörte der Besitz dem Freiherrn von Stein und bestand bis 1938 als Familienbesitz fort. Bereits 1730 war mit der Umgestaltung zum Barockschloß begonnen worden.
1966 gingen das zusehends verfallende Schloß sowie das neben ihm errichtete Liebhabertheater und der etwa sechs Hektar große verwilderte Schloßpark in die Rechtsträgerschaft der Nationalen Forschungs- und Gedenkstätten der klassischen deutschen Literatur in Weimar über. 1968 begann die zehn Jahre währende Rekonstruktion der Anlage. Heute ist Schloß Kochberg Goethe-Gedenkstätte. In elf museal gestalteten Räumen werden Informationen zur Geschichte des Schlosses und zu Leben und Wirken Goethes geboten. Einige Schloßräume, unter anderen das Goethezimmer, sind historisch möbliert.

Schloß Landsberg

Wer Burgenromantik sucht - in diesem Schloß nahe Meiningen findet er sie! Schloß Landsberg, dessen drei unverwechselbare, efeuumschlungene Türme von einem 100 Meter über der Werra gelegenen bewaldeten Bergkegel weit ins Land grüßen, wurde 1836 als prachtvolle romantisch-neugotische „Ritterburg" errichtet - neben den Überresten einer „echten", der 1525 von aufständischen Bauern zerstörten Burg „Landeswehre". Die Ruine der ursprünglich im Besitz der Würzburger Bischöfe gewesenen Wehrburg diente Herzog Bernhard I. als „Materialspender" für den Bau seines Schlosses Elisabethenburg. Von der „Landeswehre" ist lediglich der schräg nach Norden geneigte untere Teil des 1685 gesprengten Bergfrieds übriggeblieben. Seit den 70er Jahren beherbergt Schloß Landsberg ein Hotel.

Schloß Molsdorf

Von der Autobahnabfahrt Arnstadt ist es rasch erreicht - das architektonische Kleinod Schloß Molsdorf. Graf von Gotter, ein Günstling Friedrich II., ließ es 1736 - 1748 im Gefüge einer aus dem 16. Jahrhundert stammenden Wasserschloßanlage errichten. Der Thüringer Barockbaumeister Gottfried Heinrich Krohne, einer der bedeutendsten seiner Zeit, versah den vorhandenen Bau vor allem an der Gartenfront mit reichem Fassadenschmuck.

Schloß Molsdorf von der Parkseite

Die Schloßräume erhielten eine prächtige Rokoko-Ausstattung, in die auch Gemälde bedeutender Künstler wie Antoine Pesne einbezogen wurden. Erst vor wenigen Jahren fanden an dem hübschen Schlößchen umfangreiche Rekonstruktionsarbeiten statt.
Auch der 15 Hektar große Schloßpark, der ab 1826 von einer barocken Parkanlage zum Landschaftspark umgestaltet wurde, ist einen Besuch wert.

Schloß Reinhardsbrunn

Das im Thüringer Wald gelegene Schloß kann auf eine wechselvolle Geschichte zurückblicken. Sie beginnt im 11. Jahrhundert, als Ludwig der Springer nahe Friedrichroda ein Kloster stiftete, in dem er 1123 als Mönch starb: Reinhardsbrunn. Die Sage berichtet, Ludwig habe seine Seele von der Mordtat am sächsischen Pfalzgrafen mit dieser Klosterstiftung reinigen wollen. Das Kloster bestand bis 1525 - dann wurde es von den Bauern der Umgebung geplündert und nahezu vollständig zerstört.
Unter Benutzung von Bauresten ließ Herzog Friedrich Wilhelm von Weimar um 1600 ein Amtshaus errichten.
So, wie es sich heute darbietet, entstand Reinhardsbrunn erst 1828 im Auftrag des Herzogs Ernst I. von Sachsen-Coburg, der die Anlage zu einer im neugotischen Stil erbauten Sommerresidenz umgestalten ließ.
Gegenwärtig dient das Schloß als Hotel - ebenso wie das 1991 restaurierte „Kavaliershaus“.

Schloß Reinhardsbrunn bei Friedrichroda

Renaissanceschloß Kochberg;
Charlotte von Stein empfing Goethe hier viele Male zu Besuch.
Kochberg Castle,
a Renaissance building: Here, Charlotte von Stein often received visits from Goethe.

Wegen seiner reizvollen Geschichte und des baulichen Wertes gehört das Barock-Rokoko-Schloß Molsdorf zu Thüringens besonderen Sehenswürdigkeiten.
Molsdorf Castle, a mixture of baroque and rococo styles, is one of Thuringia special attractions on account of its fascinating history and its architectural charm.

Unter reger Anteilnahme Goethes von 1789 - 1803 erbaut, erinnert das Weimarer Stadtschloß in seiner jetzigen Form kaum mehr an den einst berühmten und für Mitteldeutschland vorbildlichen barocken Schloßbau des 17. Jahrhunderts. Die 1774 durch Feuer zerstörte Dreiflügelanlage war anstelle einer mehrfach abgebrannten Burg als Residenz der Weimarer Herzöge errichtet worden. An die alte „Burg Hornstein" erinnern nur noch der untere Teil des Turmes und die „Bastille", der ehemalige Hauptzugang; beide überstanden sämtliche Feuersbrünste. Das heutige Schloß ist eine große dreigeschossige Dreiflügelanlage, die 1913/1914 durch den Anbau eines vierten Flügels im Süden eine kastellartige Vierflügelgestalt bekam. Im rekonstruierten Schloß sind wertvolle Kunstsammlungen zu besichtigen.
Südlich des Weimarer Stadtzentrums, in einem ausgedehnten Park, liegt Schloß Belvedere. Der Barockbau entstand zwischen 1724 und 1732 als Jagd- und Lustschloß - einer Laune des Weimarer Herzogs Ernst August folgend, der in seinem kleinen Ländchen zweiundzwanzig Schlösser errichten oder mit dem Bau beginnen ließ.
Im Innern des Schlosses befindet sich ein Rokoko-Museum. Es wurde Mitte 1992 nach fast zwanzigjähriger Restaurierung teilweise wieder für Besucher freigegeben. Die Orangerie beheimatete früher eine der artenreichsten Pflanzensammlungen Europas.
Auch Schloß Tiefurt, nordöstlich von Weimar im Ilmtal gelegen, ist einen Besuch wert. Der Sommersitz der Herzogin Anna Amalia war etliche Jahre eine Stätte des Gedankenaustausches der Weimarer Geistesgrößen. Die Innenräume besitzen noch die ursprüngliche Ausstattung des Rokoko, Klassizismus und Biedermeier. Sehenswert ist auch der stimmungsvolle Park.

Schloß Tiefurt

Schloß Sondershausen

Die eindrucksvolle unregelmäßige Dreiflügelanlage diente von 1571 bis 1918, als das Fürstentum Schwarzburg-Sondershausen im Land Thüringen aufging, als Residenz der Grafen von Schwarzburg. Sie ist die größte und bedeutenste Schloßanlage in Nordthüringen.
Das Schloß entstand im 16. bis 18. Jahrhundert anstelle einer alten Burganlage. Renaissancebauten aus der Zeit von 1533 – 1576 bilden den Ost- und Nordflügel mit dem Schloßturm, zwischen beiden befindet sich die Hofapotheke mit reichem Stuckdekor. Auf einem Stich von Merian (1650) ist die im Renaissancestil errichtete Schloßanlage, die noch wehrhaft ummauert und mit Türmen versehen ist, zu erkennen. Mitte des 17. Jh. veränderten barocke Umbauten die Schloßsilhouette jedoch wesentlich. Hochbarock ist der prachtvolle „Riesensaal" im Südflügel mit reichen Stukkaturen und Kolossalstatuen; der 1766 im Rokokostil begonnene Westflügel erhielt später klassizistische Elemente. Heute dient das Schloß hauptsächlich musealen

Schloß Wilhelmsburg

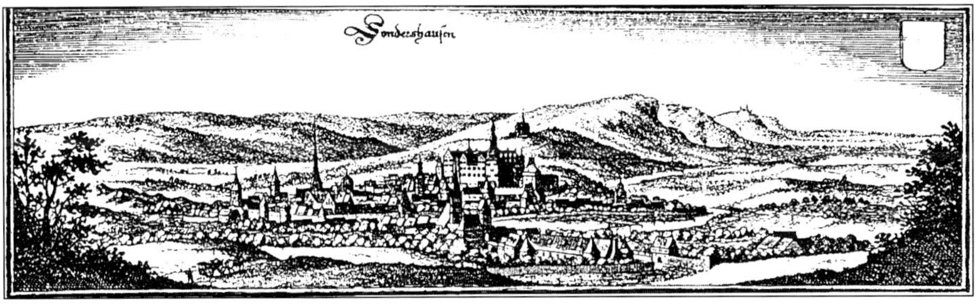

Sondershausen, Kupferstich von Merian

Zwecken, wo große Teile der ehemaligen fürstlichen Kunstsammlungen („Goldene Kutsche") zu besichtigen sind.

Schloß Wilhelmsburg

Auf dem Schmalkaldener Questenberg – hier schützte einst eine Burg die Paßstraße über den Thüringer Wald – steht eines der großartigsten Schlösser Thüringens: die Wilhelmsburg. Die imposante Anlage über Schmalkalden enstand zwischen 1585 und 1590 als Jagd- und Sommersitz des hessischen Landgrafen Wilhelm IV., Baumeister waren Cristoph und Hans Müller. Schon ein Jahr nach der Grundsteinlegung begann der niederländische Hofbildhauer Wilhelm Vernukken mit der Innenausstattung. Im 19. Jh. wurde das zusehends verfallende Schloß stark vereinfacht wiederhergestellt. Viele Innenräume der seit 1964 umfassend restaurierten Vierflügelanlage mit einem nahezu quadratischen Innenhof zeugen noch immer von der großen Kunst ihrer niederländischen und deutschen Schöpfer. Zu den besonderen Sehenswürdigkeiten gehören der Riesen- oder Bankettsaal mit seiner großen farbigen Kassettendecke und die Renaissance-Dekoration des Weißen Saals. In mehr als 30 Räumen des Renaissanceschlosses erfährt man heute u. a. Näheres über die Geschichte der Stahlwarenproduktion in der Region und über Luthers Wirken und den „Schmalkaldischen Bund".

*Schloß Reinhardsbrunn bei Friedrichroda;
wo 1524 Bauern
das ehemalige Hauskloster der Ludowinger zerstörten,
steht heute ein neugotischer Schloßbau
inmitten eines idyllischen Landschaftsparks.
Rechts: Schloß Sondershausen,
Renaissancebauten mit dem Schloßturm.
Reinhardsbrunn Castle near Friedrichroda;
This neo-Gothic castle building now stands in the
middle of an idyllic landscaped park where there used
to be private monastery belonging to Ludowinger
family, but it was later destroyed by peasants in 1524.
Right: Sonderhausen Castle, an example of
Renaissance architecture and view of a tower.*

Literaturnachweis

Adamiak, Josef und Pillep, Rudolf. Kunstland DDR. E. A. Seemann Buch- und Kunstverlag Leipzig. 1982.
Förster, Jürgen. Schloß Kochberg. Nationale Forschungs- und Gedenkstätten der klassischen deutschen Literatur in Weimar. 1990
Gramlich, Ursula. Zur Geschichte der Stadt Schleusingen. Museum Schloß Bertholdsburg. Schleusingen. 1990.
Heinemann, Wolf-Dietrich. Michaeliskirche zu Rohr. Wartburg-Verlag. Jena. 1990.
Koch, Alfred. Rudolstadt, Schloß Heidecksburg. E. A. Seemann Buch- und Kunstverlag Leipzig. 1990.
Krumbholz, Hans. Burgen, Schlösser, Parks und Gärten. Tourist-Führer. VEB Tourist-Verlag Berlin/Leipzig. 1984.
Lang, Elke. Schloß Burgk. Geschichte und Gegenwart. Staatliches Museum Schloß Burgk. 1989.

Lorck, Carl E. L. von. (Hrsg.). Burgen und Schlösser. Verlag Wolfgang Weidlich. Frankfurt/Main. 1965.
Lückert, Manfred. Burg Hanstein. Bad Sooden-Allendorf. 1992.

Moszner, Karl. Die Wasserburg Kapellendorf. Ihre Geschichte und Baugeschichte. Weimar. 1986.

Mrusek, Hans-Joachim. Thüringische und sächsische Burgen. Leipzig. 1965.
Müller, Hans. Thüringen. Reisen durch eine deutsche Kulturlandschaft. DuMont Kunst-Reiseführer. DuMont Buchverlag Köln. 1990.

Piltz, Georg. Burgen und Festungen. Leipzig. 1981.
Piltz, Georg. Schlösser sah ich und Türme... Verlag Neues Leben. Berlin. 1980.
Platen, Michael. Thüringer Burgen. Friedrich-Schiller-Universität Jena. 1988.
Rothe, Hans Werner. Burgen und Schlösser in Thüringen. Verlag Wolfgang Weidlich. Frankfurt/Main. 1960.
Schache, Klaus. Burg Ranis. Museum Burg Ranis. 1988.
Schloß Friedenstein. Museen der Stadt Gotha. Gotha. 1991.
Schmidt, Horst. Historische Bauwerke der Stadt Creuzburg. Magistrat der Stadt Creuzburg. 1991.
Thüringen in der deutschen Geschichte. Friedrich-Schiller-Universität Jena. Gesellschafts- und Sprachwissenschaftliche Reihe. 1986.

Bildnachweis

Demme, Dieter. Erfurt: Seiten 34 und 50
Dreßler, Roland. Weimar: Seiten 2/3, 10, 11, 14, 26/27, 38 u., 42, 43, 47 u., 51, 55, 58, 62, 63
Maresch, Hans. Stedtlingen: Seiten 18 u., 22, 30 u., 53, 54
Mende, Reinhard. Zürchau: Seiten 18 o., 30 o., 31, 35 o., 38 o., 46, 47 o.
Prause, Ernst. Gotha: Seite 19
Scheidig, Dieter. Rudolstadt: Seite 52
Schenke, Frank. Gera: Titelfoto und Seiten 35 u., 39
Weigel, Irmgard. Erfurt: Seite 15

Abbildung Seite 13 aus: I. Gräser-Eberbach, Helius Eobanus Hesses, Verlagshaus Thüringen, Seite 53.
Die historischen Ansichten sind dem Thüringer Heimatkalender (1920) entnommen.

Die Fotos von H. Maresch und R. Mende sind den Titeln „Burgen und Schlösser“ bzw. „Das thüringische Osterland“ entnommen, die im Verlagshaus Thüringen erschienen sind.

Castles and Stately Homes – Signposts of History

Around 1067, Count Ludwig der Springer was chasing a deer as far as the Hörsel Valley at the north western edge of the Thuringian Forest when he suddenly caught sight of a cone-shaped hill which inspired him to exclaim: "Just you wait, one day this mountain will be turned into my castle!".
According to the writer of the legend (despite a lack of any supporting documentary evidence), this explains how Ludwig actually came to build the castle on the hill. The wily Count von Springer had also noticed that this conical hill was strategically situated for the route which went from Hesse to Thuringia. This did not only become the most famous castle in Thuringia, but it also came to represent what could be regarded as the archetypal castle for the whole world. Based on the legend, the castle is known as the "Wartburg" and is a unique building, a happy combination of legend, history, architecture, art and nature. This is, however, by no means the only castle in Thuringia which is well worth a visit. A great number of castles were built throughout the whole region during the Middle Ages because of its position at the cultural heart of German history. They can be seen almost everywhere in Thuringia, whether you travel on foot or by car, but they are mainly concentrated in the valleys of the Saale, Unstrat and Werra and in the plains forming the Thuringian basin as well as in the foreland of the Thuringian Forest. Together with the Elbe, the Saale formed the approximate border between the German territories and the Sorbs. During the early feudal period, this region was part of the Carolingian Empire. At a later date, it became known as the Empire of East Franconia. The castles were built with the clear purpose of securing the border known in the ninth century as the "limes Sorabicus".
There are about 250 castles and stately homes in Thuringia which can be visited by the enterprising tourist. This incredible abundance is, however, only the tip of the proverbial iceberg. Experts claim that over 1400 fortifications were built in Thuringia during its prehistoric and early Medieval periods. These had existed long before the classical period of feudal castles which lasted from the eleventh to the thirteenth century. Most of these early fortifications which were places of refuge go back as far as 1,000 BC, but it must be admitted that most of them are now reduced to a few traces and remains of ruined walls and ditches.
The former kingdom of Thuringia was destroyed in 531. The Franks then built several castles in order to secure their newly conquered territory. These were often located on the old walls of prehistoric fortifications. An early Thuringian source dated 704 AD refers to one of these particular castles as the "castellum" (castle) on the Mühlberg, now known as the Mühlburg which is the smallest of three locally famous castles called the "Drei Gleichen".
An important chapter in the Thuringian history of castles began with the entry of Heinrich I into northern Thuringia. Heinrich, the first German king, had numerous castles either built or restored along the rivers Saale and Elbe to protect his kingdom from frequent onslaughts carried out by the Hungarians. The most intensive period of castle building extended from the eleventh through to the thirteenth century. This big building "boom" was triggered off by the violent feuds between the crown and the princes. Heinrich IV (1056 – 1106), for example, had his Harz and north Thuringian palaces protected by

Das Weimarer Stadtschloß mit seinen berühmten Kunstsammlungen.
The City Castle of Weimar with its famous art galleries.

imperial castles to keep the rapacious local aristocracy in check; another example from this period was the imperial castle of Kyffhausen situated on the ridge of the Kyffhäuser mountain range. This was built to protect the Tilleda Palace which was frequently used as a centre for the production of royal documents. On the other hand, Ludwig der Springer one of the most important personalities in Thuringia at the time, had castles built to mark out his territory boldly and distinctly. He succeeded in this project in a most impressive way by building Castle Neuenburg near Freyburg and, of course, the Wartburg itself is another example.

After the Ludowinger family (of which Ludwig der Springer was a member) had been given a fiefdom in 1131, thus raising their status to that of the German princes, they systematically covered their territory with castles. Their county seat on the Wartburg needed to have impressive living quarters: the Creuzburg castle was built on an important crossing at the Werra to secure the western part of the earldom; two protective fortresses and an ornate church were built next to Neuenburg Castle. Runneburg Castle was situated on Lake Weißensee half-way between the Wartburg and the Neuenburg, both of which were the most prominent features in the former earldom of Thuringia. However, Friedrich I Barbarossa (1152 - 1190) also needed a symbol of his power for political reasons within the Hohenstaufen regime. (The Ludowinger family were also supporters of the Empire.) Friedrich had the imperial castle of Kyffhausen re-built. This castle consisting of three main parts was destroyed in 1118 by Saxonian princes fighting against the emperor. It took about a thousand men six and a half years working a twelve-hour day for 225 working days a year to build the Kyffhausen.

A new wave of building castles took place in the thirteenth and fourteenth centuries extending partially even into the fifteenth century. This activity was no longer instigated by the king or the emperor because, at that time when centralised power was still intact, building castles for private purposes was forbidden. The nobility were allowed to live only in fortified estates. It was not until the "constitutio" of 1232 that princes and estate administrators who had continued to become more powerful and independent were granted unlimited rights to build their own fortifications. Prior to this period, the estate administrators had not even been free men. Owing to the increasing number of nobles, the network of feudal castles was completed by numerous smaller castles owned by the knights. These had existed alongside the huge imperial buildings such as Kyffhausen or the princes' castles such as the Wartburg. The intensive criminal activity of their impoverished owners resulted in many of these castles degenerating into "dens of robber knights". This was due mainly to the cities which were increasing in power so that they resisted any feudal attacks on their territory. In 1304 the city league of Erfurt, Mühlhausen and Nordhausen succeeded in besieging three castles in Jena, and in 1348 Erfurt even bought up a castle for itself - the castle of Kapellendorf which also had its own moat.

Fortified churches or church castles are a particularly interesting form of castle architecture. They were built in the middle of the Werra valley in southern Thuringia around the same period. Unlike the feudal castles, these fortified churches did not belong to the nobles, but instead were owned by villagers. Another difference from the feudal castles was that they remained empty during peace time. Equipped with battlements, firing slits, machicolations, castle walls and moats, they protected the local population together with their animals and supplies during the times when the power struggles of the nobility had led to quarrels and feuds. In times of danger, the village people fled into the fortified church-yard whilst men who were skilled in the art of war organised their defence by fighting from the battle-

ments. The villages of Walldorf and Herpf had the strongest peasant castles of the Werra valley. Together with the castle in the village of Rohr, they are worth a visit as they are all exceptionally well preserved.
Any observant traveller in Thuringia cannot fail to notice not only the abundance but also the great variety of castles to be seen in the region. The landscape is, of course, dominated by castles which are situated in prominent positions such as on the tops of mountains, on the crest of mountain ranges or on the side of a valley. There are also castles built on the plains which often have battlements and a moat. They are sometimes called "Wasserburgen" (water castles). Their basic features are still easily recognisable despite the fact that they had to adapt to new demands throughout the course of centuries. They very rarely display a homogeneous architectural style. The keep, the final resort for defenders, is perhaps their most striking feature. However, the surrounding castle wall and its system of moat defences, with its merlons, embrasures and portcullis gate, with its main residential tract and even the well in the yard all belong to our picture of a real castle. For generations, every detail of the castle stone can tell its own story to the expert about the social status of its owner and about the period he lived there.
The largest and most typical castles were, no doubt, those sponsored by the rich and powerful emperors and princes. Yet even here, defence was the top priority over all other architectural considerations. The only difference with regard to the huge castles such as the imperial castle of Kyffhausen or of the Neuenburg was that life in these castles was somewhat more comfortable and civilised than in those of the minor nobility. The death-knell, however, had struck even for the large fortresses. The main cause was the invention of gunpowder and heavy artillery. As the former castle could not continue to exist both as a place of refuge and as a place of residence at the same time, it had to change and split up its dual purpose. From that time on, the fortress had to take over the role of defence whereas the second function of a castle as a residential seat and symbol of power led to the development of the stately home. They also became centres of culture and art.

Even as late as the sixteenth century, there were still some attempts to adapt the traditional fortresses to the more modern war technology, but these were seldom successful. The age of castles was finally over.
There were once about 10,000 castles in Germany during the feudal period. Many of them have been buried in the course of history without leaving any noticeable remains. Others however, took on a new life as a stately home. This was a much easier and more pleasant role. The main pre-requisite for the conversion of the castle was to have a suitable location. Only those castles which were connected to a fairly large town or city could act as an aristocratic seat or as an administrative centre.
The heyday of the stately home was in the sixteenth, seventeenth and eighteenth centuries. The sudden increase in demand for stately homes, particularly in the sixteenth century, was a direct consequence of The Thirty Years' War (1618–1648) because this gave rise to over 300 independent states in the whole of Germany. As the ruler of each petty kingdom urgently needed a suitable residence as a symbol of power, stately homes shot up all over Germany after it had been devastated by the war. This was also the case in Thuringia. Many of the stately homes were converted from former castles such as the Burgk residence on the river Saale. Others, however, such as Friedenstein Castle in Gotha were quite clearly built solely for the express purpose of being a magnificent stately home.
There is such a variety of castles and stately homes in Thuringia with its rich historical associations and with its loca-

tion at the green heart of Germany that it is very difficult to decide which one to visit first. They range from ruins enshrouded in mystery to carefully restored castles and from charming stately homes built as palaces of pleasure to splendid regal buildings. Similarly, the grounds range from landscape left to its natural state to beautifully neat parks. There is also the contrast of pure history as narrated in books with living history as specially preserved in museums, art galleries, archives, libraries and all other kinds of collections.

Das „Sanssouci" der Weimarer Herzöge: Barockschloß Belvedere.
The "Sanssouci" belonging to the dukes of Weimar: Belvedere Castle, a baroque building.

Im Zentrum Weimars gelegen und doch fernab vom Verkehr,
erhebt sich das Stadtschloß
mit seinen beträchtlichen Abmessungen
unmittelbar am Park an der Ilm.
The City Castle, a very extensive building,
is situated in the centre of Weimar,
though at some distance from the traffic
and stands next to a park bordering the river Ilm.

Reihengestaltung Sabine Matzke-Melzwig, Leipzig
Layout Hans-Werner Schirmer, Erfurt
Kartenausschnitt Hans-Werner Schirmer
Englische Übersetzung John Gledhill
Herstellung Druck- und Verlagshaus Erfurt
Printed in Germany

ISBN 3-89683-125-9

Bildtext der Abbildung auf der ersten Umschlagseite:
Die Leuchtenburg
bei Kahla